I0566857

BESTACTIVITYBOOKS.COM

EERSTE EDITIE - Gepubliceerd in 2022

Extra grafisch materiaal van: www.freepik.com
Dank aan: Alekksall, Starline, Pch.vector, Rawpixel.com, Vectorpocket, Dgim-studio, Upklyak, Macrovector, Stockgiu, Pikisuperstar & Freepik.com Designers

5 TIPS OM TE BEGINNEN!

1) HOE OP TE LOSSEN

De Puzzels zijn in een Klassiek Formaat:

- Woorden worden verborgen zonder pauzes (geen spaties, streepjes, ...)
- Oriëntatie: Voorwaarts & Achterwaarts, Boven & Beneden of in Diagonaal (kan in beide richtingen)
- Woorden kunnen elkaar overlappen of kruisen

2) ACTIEF LEREN

Naast elk woord is een spatie voorzien om de vertaling te noteren. Om actief te leren vindt u een **WOORDENBOEK** aan het einde van deze editie om uw kennis te controleren en uit te breiden. U kunt elke vertaling opzoeken en opschrijven, de woorden in de puzzel vinden en ze vervolgens aan uw woordenschat toevoegen!

3) TAG JE WOORDEN

Hebt u al geprobeerd een labelsysteem te gebruiken? U zou bijvoorbeeld de woorden die moeilijk te vinden waren kunnen markeren met een kruis, de woorden die u leuk vond met een ster, nieuwe woorden met een driehoek, zeldzame woorden met een ruit enzovoort...

4) ORGANISEER UW LEREN

Wij bieden ook een handig **NOTITIEBOEKJE** aan het eind van deze uitgave. Of u nu op vakantie, op reis of thuis bent, u kunt uw nieuwe kennis gemakkelijk ordenen zonder dat u een tweede notitieboek nodig hebt!

5) AFGESLOTEN?

Ga naar de bonussectie: **FINAAL UITDAGING** om een gratis spel te vinden dat aan het einde van deze editie wordt aangeboden!

Wil je meer leuke en leerzame activiteiten? Het is **Snel en Eenvoudig!**
Een hele collectie spelboeken slechts **één klik verwijderd!**

Vind uw volgende uitdaging bij:

BestActivityBooks.com/MijnVolgendeBoek

Klaar... Start!

Wist u dat er zo'n 7000 verschillende talen in de wereld zijn? Woorden zijn kostbaar.

We houden van talen en hebben hard gewerkt om de boeken van de hoogste kwaliteit voor u te maken. Onze ingrediënten?

Een selectie van onmisbare leerthema's, drie grote plakken plezier, dan voegen we er een lepel moeilijke woorden en een snuifje zeldzame woorden aan toe. We serveren ze met zorg en een maximum aan verrukking, zodat je de beste woordspelletjes kunt oplossen en veel plezier beleeft aan het leren!

Uw feedback is essentieel. U kunt een actieve bijdrage leveren aan het succes van dit boek door een recensie achter te laten. Vertel ons wat u het meest beviel in deze editie!

Hier is een korte link die u naar uw bestelpagina brengt:

BestBooksActivity.com/Recensies50

Bedankt voor uw hulp en veel plezier met het spel!

Linguas Classics

1 - Metingen

ध	स	◌ा	म	च	घ	द	ऊ	त	प	ल	ष	ठ	व	द
ठ	छ	◌े	ह	ऊ	स	श	स	उ	ढ	आ	◌ी	घ	प	व
इ	च	◌ा	◌ं	ऊ	इ	म	ऊ	आ	भ	प	य	ट	ढ	फ
ब	◌ं	फ	ट	ट	ट	ल	ड	◌ि	ग	◌्	र	◌ी	र	क
◌ा	इ	ण	द	ख	◌ी	व	म	च	व	थ	श	ख	स	◌ि
◌ं	म	उ	व	ण	व	म	य	श	फ	प	ढ	न	घ	ल
ल	ञ	ग	ह	ज	थ	प	◌ी	न	ञ	श	च	ब	ए	◌ो
ह	ध	ण	ई	छ	न	ल	प	ट	ब	ह	उ	ब	ए	ग
छ	य	न	ड	भ	ट	ष	ञ	न	र	ट	◌ी	म	त	◌्
व	न	ए	◌़	व	ब	ण	ब	◌ि	थ	य	थ	ठ	ए	र
ग	◌्	र	◌ा	म	ग	न	र	म	प	र	इ	ब	ट	◌ा
ञ	र	ल	◌ौ	थ	औ	आ	य	त	न	ध	द	◌ा	श	म
व	आ	र	च	स	◌ं	ह	ख	ञ	म	र	म	इ	ग	ब
ढ	ञ	ऊ	म	ञ	स	आ	इ	भ	ब	इ	च	ट	त	व
ग	ह	र	◌ा	ई	क	◌ि	ल	◌ो	म	◌ी	ट	र	ड	ख

चौड़ाई
बाइट
सेंटीमीटर
दशमलव
गहराई
वजन
डिग्री
ग्राम
ऊंचाई
इंच

किलोग्राम
किलोमीटर
लंबाई
लीटर
मास
मीटर
मिनट
औंस
टन
आयतन

2 - Opwarming van de Aarde

ञ	भ	ब	ण	प	ऊ	ट	स	त	स	त	उ	उ	ज	त
द	ऊ	स	◌ै	ग	र	भ	व	◌ि	ष	◌्	य	फ	ल	स
क	ट	क	◌ं	स	ल	◌ि	उ	द	◌्	य	◌ो	ग	व	ड
थ	ट	◌ा	◌े	ड	ग	द	ण	ज	ह	प	म	प	◌ा	द
प	र	◌ि	व	र	◌्	त	न	◌ा	न	र	न	स	य	ब
ट	ग	व	क	न	ढ	द	ल	◌्	म	◌्	◌ु	र	◌ु	व
ड	उ	आ	च	◌्	ञ	ढ	द	र	◌ा	य	ष	ण	छ	◌ै
च	न	ब	भ	ग	र	ख	स	ऊ	प	◌ा	◌्	ह	व	ज
ठ	ट	आ	र	ख	म	आ	ड	म	◌ा	व	य	म	◌ि	◌्
अ	ब	घ	श	त	छ	य	स	न	त	र	ह	ध	ध	ञ
प	◌ी	ढ	◌़	◌ि	य	◌ो	◌ं	र	थ	ण	प	◌्	◌ा	◌ा
च	ञ	छ	न	द	य	च	ध	म	क	ड	त	य	न	न
घ	ख	घ	श	इ	ण	ल	आ	ञ	स	◌ा	छ	◌ा	ब	◌ि
ऊ	इ	ण	र	ष	ञ	ठ	ग	ए	ए	ढ	र	न	न	क
इ	ध	स	भ	न	ए	प	ञ	ञ	च	छ	य	द	इ	ष

ध्यान
आर्कटिक
संकट
ऊर्जा
गैस
डेटा
पीढ़ियों
परिणाम
उद्योग
जलवायु

मनुष्य
पर्यावरण
अब
विकास
सरकार
तापमान
भविष्य
परिवर्तन
वैज्ञानिक
विधान

3 - Keuken

स	प	ए	व	ए	म	च	ध	न	म	ल	ह	द	ए	ट
ओ	ऊ	श	◌ि	क	फ	स	ट	ब	ब	ह	भ	छ	प	उ
ब	व	उ	ध	◌ा	◌्	ग	◌ा	ठ	श	य	ग	ब	◌्	क
फ	प	न	◌ि	◌ं	र	व	क	ल	भ	◌ो	ज	न	र	ब
ढ	व	आ	र	ट	◌ौ	ऊ	◌ा	◌ौ	◌े	ह	र	न	न	ब
श	त	ढ	फ	◌े	ज	श	◌ॅ	त	ल	र	◌ि	◌्	ग	ड
क	ट	◌ो	र	◌ा	र	ढ	न	◌े	ष	भ	◌्	त	ल	न
ड	य	व	ष	ऊ	च	श	◌ौ	क	व	फ	फ	ठ	ढ	स
क	र	छ	◌ु	ल	◌ा	थ	◌ौ	ध	त	थ	च	श	र	ह
ऊ	ट	ट	ध	स	क	घ	च	ड	इ	ष	इ	ढ	इ	द
ल	घ	प	न	ञ	◌ू	घ	म	न	आ	ख	स	ढ	ढ	इ
य	न	◌ै	प	क	◌ि	न	◌्	ष	ख	म	◌्	न	प	छ
स	ब	च	थ	भ	ट	य	म	ए	भ	स	प	ट	थ	न
ऊ	ड	उ	च	इ	इ	च	च	द	ए	ए	◌ं	ब	इ	इ
य	म	ध	इ	य	द	ट	न	ग	ग	ए	ज	ए	ह	थ

कप
चीनी काँटा
ग्रिल
केतली
फ्रिज
कटोरा
जग
चम्मच
चाकू
ओवन
करछुल
विधि
एप्रन
नैपकिन
मसाले
स्पंज
भोजन
कांटे
फ्रीजर

4 - Boten

स	न	र	स	◌्	स	◌ी	ञ	ल	ब	आ	श	ग	स	ल
म	उ	ञ	इ	ब	त	ष	ग	म	◌ं	ल	छ	◌ो	म	फ
◌ु	ख	ब	इ	छ	प	य	ब	ण	प	ग	ह	द	◌ु	व
द	य	फ	ज	◌्	व	◌ा	र	◌ो	स	ट	र	◌ी	द	ट
◌्	ख	ड	न	झ	◌ी	ल	प	भ	य	त	ख	ह	◌्	र
र	न	द	उ	र	द	क	◌्	र	◌ू	◌ा	ध	इ	र	ऊ
ढ	ध	उ	ए	ल	न	ष	म	ठ	फ	उ	न	ण	◌ी	ड
ल	ह	र	◌े	◌ं	ट	य	ग	र	उ	म	म	थ	त	घ
न	◌ा	व	◌ि	क	◌ा	◌ौ	न	आ	द	स	ग	ऊ	द	न
ड	◌ो	◌ं	ग	◌ी	घ	इ	आ	म	ठ	◌्	ध	ण	ब	ए
◌़	य	ध	उ	घ	प	ण	ध	भ	स	त	य	घ	घ	द
◌ा	ह	ख	घ	ण	ए	ण	ब	न	थ	◌ू	◌ी	च	न	व
◌े	ट	ब	◌ो	ल	◌े	स	◌ा	ग	र	ल	त	◌्	थ	ड
ब	ऊ	ए	त	द	ए	व	ण	आ	फ	त	इ	त	श	द
इ	◌ं	ज	न	उ	प	ह	स	प	श	ड	ड	छ	व	क

लंगर
क्रू
बोया
गोदी
लहरें
नौका
कश्ती
डोंगी
मस्तूल
नाविक

झील
इंजन
समुद्री
सागर
नदी
ज्वार
रस्सी
बेड़ा
समुद्र
सेलबोट

5 - Chocolade

ए	म	◌ू	◌ं	ग	फ	ल	◌ी	ठ	ढ	स	म	ण	ध	ठ
य	◌ं	र	स	ष	म	र	भ	म	ब	◌्	ध	न	आ	आ
ड	ल	ट	न	◌्	ग	ड	च	◌ि	उ	व	ञ	छ	ण	ण
भ	प	◌ी	◌ी	ठ	व	उ	उ	ठ	ढ	◌ा	ऊ	थ	ए	म
ह	ट	◌ु	◌ी	ऑ	छ	◌ा	ए	◌ा	प	द	ड	च	उ	उ
घ	य	क	च	फ	क	प	द	ई	◌्	◌ि	व	ह	स	क
ख	घ	◌ो	व	द	ट	◌्	त	ण	र	ष	◌ि	ग	छ	◌ै
ग	छ	◌ो	ठ	ब	घ	ञ	स	उ	◌ि	◌्	द	ञ	इ	◌ं
ध	ट	क	ए	फ	घ	क	इ	◌ी	य	ट	◌े	म	र	ड
ल	व	ष	द	ञ	र	त	ड	न	ड	च	श	ड	स	◌ी
व	ए	त	स	ड	थ	ध	थ	◌़	ठ	◌े	◌ी	ह	◌ु	थ
◌ि	ग	◌ु	ण	व	त	◌्	त	◌ा	व	फ	◌ं	छ	ग	ड
ध	न	◌ा	र	◌ि	य	ल	ह	ष	त	◌ा	उ	ट	◌ं	व
◌ि	क	◌ै	ल	◌ो	र	◌ी	स	ञ	घ	ष	फ	थ	ध	श
ऊ	त	द	छ	घ	य	ढ	च	घ	ण	ऊ	त	ञ	य	भ

एंटीऑक्सीडेंट
सुगंध
कुटीर
कड़वा
कोको
कैलोरी
विदेशी
प्रिय
स्वादिष्ट
घटक

नारियल
गुणवत्ता
मूंगफली
पाउडर
विधि
स्वाद
कैंडी
चीनी
मिठाई

6 - Gezondheid en Welzijn #2

ण	म	र	क	◌्	◌ं	स	श	थ	श	ह	द	च	म	ण
व	ऊ	◌ी	क	ठ	ढ	श	ल	◌ि	◌ा	म	ठ	ण	क	त
◌ि	र	ल	ण	◌्	ष	र	◌ी	आ	ख	र	ध	ए	◌ी	ड
ट	◌्	◌ो	ष	व	त	◌ी	◌ू	ह	ल	ञ	ऊ	थ	श	त
◌ा	ज	◌ै	◌ो	भ	ब	र	स	◌ा	व	◌ा	न	त	◌ि	छ
म	◌ा	क	प	व	त	ञ	व	र	फ	ज	ब	ए	व	ठ
◌ि	ह	ड	त	◌ा	छ	च	◌्	व	◌्	स	न	ष	◌ं	घ
न	ग	ध	ब	ण	च	ग	ब	स	ख	थ	ञ	ग	◌ु	त
अ	ख	फ	ह	श	प	न	श	र	◌ी	र	र	च	न	◌ा
स	ए	ख	द	इ	ष	घ	उ	भ	ढ	र	◌ो	ग	आ	ट
◌्	ट	ध	ठ	थ	त	प	व	ड	ञ	इ	न	ऊ	य	प
प	श	आ	ख	त	ग	ह	ञ	ए	आ	द	ढ	स	च	ड
त	च	ए	ल	र	◌्	ज	◌ी	स	◌्	व	स	◌्	थ	च
◌ा	ण	ञ	प	ल	श	प	ग	ध	ञ	इ	प	छ	ह	ढ
ल	ड	ञ	त	ड	श	र	य	इ	भ	ध	ट	य	ब	श

एलर्जी
शरीर रचना
रक्त
कैलोरी
आहार
ऊर्जा
आनुवंशिकी
वजन
स्वस्थ
वसूली
स्वच्छता
संक्रमण
शरीर
मालिश
पाचन
तनाव
विटामिन
पोषण
अस्पताल
रोग

7 - Tijd

ल	छ	ण	थ	र	द	ध	क	स	ए	ल	ड	ह	श	ब
ड	ञ	फ	स	ड	ब	य	◌े	द	ठ	भ	म	ग	ध	व
ब	इ	ढ	भ	स	द	छ	ब	◌ी	भ	ब	◌ि	आ	ज	ण
ञ	उ	इ	ल	व	द	फ	◌ा	अ	ए	थ	न	ख	म	ठ
आ	ए	न	उ	◌ा	ह	ह	द	ग	श	द	ट	ष	य	द
य	स	घ	स	र	त	घ	ब	ध	द	ढ	ध	द	ग	◌ो
प	ञ	घ	ञ	◌्	◌ा	न	द	श	क	ऊ	ऊ	घ	ए	प
थ	ह	घ	य	ष	◌्	◌ि	व	भ	ल	थ	ष	र	य	ह
व	र	◌्	ष	◌ि	प	द	ध	ध	ब	व	ट	◌ा	ष	र
प	आ	व	ठ	क	स	ह	इ	व	घ	य	स	त	घ	र
क	◌ै	ल	◌े	◌ं	ड	र	घ	प	आ	फ	ज	◌ु	न	ठ
फ	व	क	य	इ	भ	ब	घ	ड	घ	ढ	ल	ण	ब	व
ध	ग	छ	र	त	न	च	ञ	य	◌़	ण	◌्	ड	य	ह
च	ष	ध	द	घ	◌ं	ट	◌ा	उ	स	◌ी	द	घ	ट	ल
ल	न	द	य	इ	ढ	ऊ	ठ	ष	न	◌ा	◌ी	ह	म	न

दिन
दशक
सदी
कल
वर्ष
वार्षिक
कैलेंडर
घड़ी
महीना
दोपहर
मिनट
के बाद
रात
अब
सुबह
भविष्य
घंटा
आज
जल्दी
सप्ताह

8 - Meditatie

श	फ	थ	ख	ञ	र	न	द	ञ	ध	ण	ह	ब	प	ए
त	◌्	द	य	◌ा	ल	◌ु	त	◌ा	◌्	ग	ध	ए	र	छ
भ	म	व	अ	व	ल	◌ो	क	न	य	ट	ड	ह	◌ि	इ
ग	त	◌ि	◌ा	ए	ट	छ	उ	◌ौ	◌ा	व	फ	ब	प	ग
द	य	◌ा	फ	स	ख	◌ु	श	म	न	भ	फ	त	◌्	छ
आ	य	स	आ	स	न	ण	श	न	श	र	छ	श	र	य
प	◌्	र	क	◌ृ	त	◌ि	त	थ	उ	ह	ह	ख	◌े	ण
श	त	ल	द	इ	उ	ब	ख	भ	त	य	ट	द	क	थ
ध	ब	ञ	स	श	त	ड	ब	ग	◌ा	ज	ऊ	थ	◌्	न
क	◌ृ	त	ज	◌्	ञ	त	◌ा	द	ट	व	द	ऊ	ष	त
त	इ	◌ि	र	व	घ	ए	ब	ध	ष	ग	न	न	◌्	ञ
ग	च	◌ं	क	स	◌ि	न	◌ा	म	◌्	ध	इ	◌ा	य	ए
◌ौ	ट	◌ा	थ	घ	त	च	स	द	प	न	थ	व	ए	न
◌ं	य	श	द	य	ञ	घ	◌ा	छ	◌्	घ	स	ग	उ	◌ँ
स	◌्	व	◌ी	क	◌ृ	त	◌ि	र	स	इ	भ	म	ह	प

ध्यान
स्वीकृति
श्वास
गति
कृतज्ञता
भावनाएँ
विचार
खुश
स्पष्टता
आसन

दया
मानसिक
संगीत
प्रकृति
अवलोकन
परिप्रेक्ष्य
मौन
शांति
दयालुता
जाग

9 - Muziek

ह	म	स	स	ष	ि	त	ग	स	र	ो	क	ए	छ	र
ग	ष	फ	व	श	उ	ा	उ	ं	ध	थ	ट	थ	म	ह
म	र	ा	ग	उ	थ	ल	उ	ग	ठ	ए	भ	ए	द	श
ऊ	ग	ा	न	ा	ख	ब	च	ी	उ	छ	ए	ण	य	ए
ड	ञ	म	च	ह	ल	द	य	त	ढ	ञ	ष	ऊ	फ	न
न	फ	ो	र	ो	क	्	इ	ा	म	स	ए	भ	म	ग
ग	ध	ह	ण	ए	म	ध	ठ	ञ	आ	ब	ु	न	ब	ड
ा	य	ा	ढ	ढ	त	ओ	प	े	र	ा	्	ध	व	ि
थ	ञ	ट	स	र	्	ड	ए	ग	ा	य	क	ल	ा	ं
ा	ऊ	ड	फ	ञ	य	ख	श	ह	ब	ट	घ	ा	ए	र
ग	र	ह	र	क	ा	त	ग	ी	ं	स	ष	त	उ	्
ी	द	ख	ख	ठ	व	भ	ा	्	द	स	र	ठ	द	क
त	य	र	ी	त	्	स	्	ा	श	ऊ	ह	ष	ण	ॉ
घ	ए	फ	ट	स	ा	इ	आ	घ	स	च	ण	न	म	ि
ध	छ	य	य	इ	क	म	त	्	त	ा	ी	ग	ण	र

एल्बम
गाथागीत
सद्भाव
सुधार
साधन
शास्त्रीय
कोरस
गीतात्मक
राग
माइक्रोफोन
संगीत
संगीतकार
ओपेरा
रिकॉर्डिंग
काव्यात्मक
ताल
तालबद्ध
गति
गायक
गाना

10 - Vogels

इ	च	अ	र	च	श	ह	ड	य	ड	उ	ष	ख	श	प
ढ	न	ं	ग	ि	उ	ठ	आ	छ	उ	ख	घ	ध	ु	े
श	उ	ड	छ	क	छ	ष	श	ट	प	ब	क	क	त	ं
ऊ	ह	ा	र	न	उ	ष	द	ह	ऊ	ग	ौ	ब	ु	ग
म	ू	र	्	ख	म	न	ु	ष	्	य	आ	ू	र	ु
ब	ट	ध	प	ऊ	य	इ	ष	स	आ	ा	ञ	त	म	इ
ख	ग	स	ख	ह	ह	ए	ल	फ	थ	र	ख	र	ु	न
थ	ड	ु	य	ं	व	व	भ	प	म	ै	द	व	र	व
म	ञ	प	ल	स	त	त	ा	ो	त	ौ	न	ख	्	उ
ब	र	ष	ष	ा	य	ट	ष	स	स	ग	क	ध	ग	उ
त	श	ए	म	ो	र	घ	ब	आ	ी	ऊ	े	ड	घ	त
ख	र	ा	ज	ह	ं	स	ढ	घ	ढ	ल	ू	्	ल	उ
च	म	ग	इ	ठ	आ	इ	प	आ	आ	य	ट	य	ल	ष
ण	ख	भ	द	र	र	ख	म	प	ब	ा	छ	ख	ग	ख
स	ा	र	स	ध	ड	ड	श	छ	आ	क	ब	ा	ज़	व

कबूतर
बतख
अंडा
राजहंस
बाज़
चिकन
कोयल
कौआ
मूर्ख मनुष्य
गौरेया
सारस
तोता
मोर
हवासील
पेंगुइन
बगुला
शुतुरमुर्ग
टूकेन
उल्लू
हंस

11 - Universum

ञ	ख	ट	ट	ब	भ	स	भ	ऊ	प	ब	ध	ए	छ	स
ह	ल	ड	ख	ए	ल	ध	आ	भ	ष	ल	ब	म	स	फ
ए	च	ञ	प	भ	प	ड	ज	त	◌ि	ष	◌ि	◌्	क	ह
ख	ग	◌ो	ल	व	◌ि	ज	◌्	ञ	◌ा	न	च	क	क	न
ग	◌ो	ल	◌ा	र	◌्	ध	ख	ल	उ	ष	श	क	◌्	स
र	त	न	◌्	श	◌ा	◌े	द	व	श	व	स	◌ि	ष	भ
द	◌ृ	श	◌्	य	म	◌ा	न	◌ँ	म	प	य	◌ौ	◌ा	ण
ख	ग	◌ो	ल	व	◌ि	ज	◌्	ञ	◌ा	न	◌ी	ल	द	र
व	◌ा	य	◌ु	म	◌ं	ड	ल	व	थ	च	आ	अ	◌ू	ठ
क	◌्	ष	◌ु	द	◌्	र	ग	◌्	र	ह	क	◌ं	र	द
फ	भ	◌ू	म	ध	◌्	य	र	◌े	ख	◌ा	◌ा	ध	ब	म
ट	य	ड	य	झ	◌ु	क	◌ा	व	ख	न	श	◌े	◌ी	ड
स	◌ं	क	◌्	र	◌ा	◌ं	त	◌ि	फ	ढ	म	र	न	छ
स	ठ	च	ख	ञ	प	ठ	ग	◌ा	ग	◌ं	श	◌ा	क	आ
ड	स	ठ	य	आ	ठ	अ	क	◌्	ष	◌ा	◌ं	श	म	ह

क्षुद्रग्रह
खगोल विज्ञान
खगोल विज्ञानी
वायुमंडल
कक्षा
अक्षांश
राशि
अंधेरा
भूमध्य रेखा
गोलार्ध
आकाश
क्षितिज
झुकाव
लौकिक
देशान्तर
चाँद
आकाशगंगा
दूरबीन
दृश्यमान
संक्रांति

12 - Wiskunde

ख	ढ	व	श	प	अ	ट	ड	उ	स	ढ	य	स	स	घ
इ	थ	ण	ञ	◌्	◌ं	त	फ	म	ह	न	◌ो	◌ौ	म	ढ
ल	द	व	श	र	क	ष	◌्	न	म	ध	ग	ध	◌ा	न
श	ठ	भ	च	त	ग	ण	ऊ	र	त	ट	◌्	◌ा	न	भ
स	र	इ	न	◌ि	ण	क	ट	ध	◌ि	◌ि	र	प	◌ा	ड
व	ण	व	ध	प	◌ि	◌ो	ल	ह	म	ज	व	श	◌ं	अ
ह	◌्	व	ए	◌ा	त	ण	ण	प	◌ि	भ	◌्	ऊ	त	ढ
थ	प	य	म	द	ट	ध	ग	ग	य	◌ु	द	य	र	श
ण	ग	छ	◌ा	क	ड	त	भ	इ	◌ा	◌ु	ष	आ	◌ा	य
ह	व	छ	थ	स	य	◌्	ट	च	◌्	ह	ढ	व	त	ष
ह	ल	त	◌ा	प	◌ू	र	म	स	ज	ब	ड	◌ि	छ	ध
स	म	◌ी	क	र	ण	◌ि	ख	ट	र	त	ए	भ	ह	प
त	श	आ	य	त	न	क	आ	स	ल	भ	भ	◌ा	ञ	व
इ	द	व	उ	ठ	श	◌ो	ट	य	य	भ	ह	ज	ष	द
त	ग	स	व	च	ख	ण	प	ए	त	स	ह	न	ड	ऊ

दशमलव
व्यास
विभाजन
त्रिकोण
प्रतिपादक
अंश
ज्यामिति
कोण
सीधा
परिधि

समानांतर
आयत
अंकगणित
योग
त्रिज्या
समरूपता
बहुभुज
समीकरण
वर्ग
आयतन

13 - Gezondheid en Welzijn #1

फ	◌ा	र	◌्	म	◌े	स	◌ी	द	व	थ	द	ह	ड	भ
ड	च	◌ा	व	◌्	त	ई	च	◌ा	◌ं	ऊ	ए	स	न	ऊ
द	◌ि	द	थ	व	य	◌ा	र	◌ि	ट	◌ी	क	◌्	◌ै	ब
द	क	ण	व	फ	ध	ञ	म	म	क	प	ल	ट	◌ा	र
स	◌ि	ह	ण	◌ा	त	थ	ष	ट	आ	◌ि	ब	◌ो	ष	इ
क	त	व	◌ि	श	◌्	र	◌ा	म	ल	ष	त	च	इ	च
◌्	◌्	ल	फ	ठ	ब	म	फ	ए	भ	ए	य	◌्	र	इ
र	स	त	ब	उ	इ	क	◌्	ल	◌ि	न	◌ि	क	स	ञ
◌ि	क	ह	◌ा	र	◌्	म	◌ो	न	न	द	च	ए	श	◌ा
य	उ	द	न	व	घ	ग	◌ं	भ	स	श	ल	ख	च	श
ड	य	च	व	◌ा	इ	र	स	◌ू	◌ो	फ	ग	च	द	ग
उ	च	उ	घ	स	ष	◌ा	व	ख	◌ं	च	ड	ष	त	इ
इ	ब	आ	ण	ए	ख	च	व	स	छ	छ	न	उ	प	स
व	ग	ट	द	भ	थ	प	उ	ख	ब	ब	ह	स	आ	थ
घ	ब	ग	आ	त	न	उ	ख	छ	फ	स	स	आ	श	ड

सक्रिय
फार्मेसी
बैक्टीरिया
उपचार
भंग
चिकित्सक
आदत
भूख
ऊंचाई
हार्मोन
त्वचा
क्लिनिक
चोट
दवा
विश्राम
पलटा
चिकित्सा
वाइरस
नसों

14 - Camping

र	ह	ञ	ठ	र	थ	प	ख	स	म	ठ	ढ	स	ड	छ
प	ह	य	म	स	छ	त	द	◌ॅ	◌ा	च	ए	ग	ध	य
फ	ह	ब	र	◌्	न	य	ब	ञ	भ	ह	स	स	ष	प
ए	इ	◌ा	ढ	स	य	ए	ह	ऊ	घ	ट	स	त	ह	न
च	ब	ड	ड	◌ी	आ	त	ब	ण	ष	प	उ	ि◌	ऊ	क
ड	ण	ञ	ब	◌़	उ	स	ऊ	श	ञ	म	व	क	क	◌्
ऊ	◌ो	व	न	ञ	य	त	ढ	ि◌	इ	ढ	त	◌ृ	च	श
ब	◌ू	◌ं	त	ड	प	व	म	क	ध	त	च	र	स	◌ा
इ	ध	भ	ग	प	◌े	ड	◌़	◌ा	आ	छ	द	◌्	◌ू	ग
क	ए	ट	प	◌ी	◌ो	ट	ग	र	ग	छ	र	प	क	उ
◌ी	र	क	◌े	ब	ि◌	न	स	क	च	आ	ऊ	ह	◌्	च
ट	फ	च	व	ध	ञ	प	घ	र	ष	ढ	ग	ल	ि◌	स
स	स	ऊ	च	र	◌ो	◌ं	व	न	◌ा	ज	त	◌ी	द	फ
र	फ	ण	त	न	ट	◌े	ल	◌ा	ल	◌ा	◌ू	झ	त	इ
प	ढ	ख	ञ	ब	प	ठ	ण	ड	ष	ठ	ख	ञ	आ	ञ

साहसिक
पहाड़
पेड़
वन
आग
केबिन
जानवरों
झूला
टोपी
कीट

शिकार करना
नक्शा
डोंगी
दिक्सूचक
लालटेन
चाँद
झील
प्रकृति
तंबू
रस्सी

15 - Algebra

स	त	ष	ग	ण	ब	ड	ल	म	अ	उ	ण	द	स	ध
म	ध	फ	न	स	ण	ग	◌ो	य	न	◌्	◌ू	श	म	ञ
◌ी	छ	ए	फ	◌ं	ण	ञ	र	ए	◌ं	थ	ष	◌ं	◌ा	ग
क	भ	न	ण	क	उ	ब	ए	स	त	स	थ	अ	ध	य
र	म	श	न	ट	व	◌ा	ट	घ	ड	य	◌ू	व	◌ा	ख
ण	ग	◌ै	ण	व	ए	ि◌	च	म	घ	स	ब	त	न	◌ी
न	ल	उ	ट	ढ	ख	म	भ	ग	◌्	र	◌ा	फ	◌्	◌े
झ	द	व	फ	◌्	◌े	व	थ	◌ा	उ	च	ड	य	व	र
◌ू	ऊ	व	त	र	र	छ	इ	ठ	ज	फ	घ	त	घ	फ
ठ	ञ	थ	न	स	आ	ि◌	आ	ए	श	न	ट	ञ	आ	ञ
◌ा	घ	स	ड	भ	ण	ड	क	च	इ	ए	आ	उ	ड	ठ
न	ध	क	◌ा	र	क	ठ	ष	◌्	◌ो	क	य	ऊ	आ	स
म	◌ा	त	◌्	र	◌ा	श	इ	भ	स	इ	ह	र	श	य
म	ण	भ	ध	व	प	◌्	र	त	ि◌	प	◌ा	द	क	श
व	ल	द	म	ठ	ध	छ	आ	श	थ	ञ	म	ण	प	ख

घटाव
आरेख
विभाजन
प्रतिपादक
कारक
सूत्र
अंश
ग्राफ
कोष्ठक
मात्रा

रेखीय
मैट्रिक्स
शून्य
अनंत
समाधान
संकट
योग
झूठा
चर
समीकरण

16 - Activiteiten

प	च	ब	उ	च	ग	ध	द	ं	न	आ	ध	ए	इ	प
ह	ि	ा	स	य	त	ट	छ	फ	ा	ृ	ए	आ	थ	ढ
े	त	ग	म	स	ि	द	स	ट	ल	ष	त	फ	ग	़
ल	्	व	त	फ	व	उ	ब	भ	ड	उ	ल	्	स	न
ी	र	ा	न	य	ि	उ	ई	न	ा	ु	ब	इ	य	ा
म	क	न	द	न	ध	र	ल	े	र	श	छ	ण	स	म
इ	ा	ी	घ	ा	ि	ल	ा	ड	ा	ण	ि	घ	ड	य
द	र	ञ	ट	र	फ	म	ि	़	े	भ	व	ल	ञ	इ
न	ी	ह	प	क	ख	र	स	क	ड	ठ	ऊ	न	्	ढ
ल	ल	न	थ	र	ौ	ा	ढ	प	ण	ज	ा	द	ू	प
ब	व	ठ	ढ	क	ख	श	थ	ी	अ	व	क	ा	श	ल
घ	भ	थ	श	ा	छ	्	ल	ल	ल	न	श	ढ	फ	ढ
इ	फ	म	ढ	ि	त	ि	श	छ	ण	ट	ख	क	ल	ा
ल	ञ	फ	आ	श	च	व	ष	म	ख	े	ल	ष	ब	न
इ	ल	फ	ो	ट	ो	ग	्	र	ा	फ	ी	ढ	व	द

गोताखोरी
शिल्प
बुनाई
नृत्य
फोटोग्राफी
खेल
मछली पकड़ने
शिकार करना
डेरा डालना
कला
पढ़ना
जादू
सिलाई
विश्राम
आनंद
पहेली
चित्रकारी
बागवानी
कौशल
अवकाश

17 - Diplomatie

र	ए	ष	र	◌्	घ	◌ं	स	प	ह	ए	द	स	भ	घ
प	ढ	त	◌ा	स	म	र	त	थ	उ	छ	इ	◌ु	◌ा	म
ल	श	भ	ज	म	न	ध	◌ा	◌ा	म	स	स	र	ष	ड
◌्	ष	ष	न	◌ु	ष	उ	घ	ज	ट	ञ	ग	क	◌ा	ह
क	प	र	◌ी	द	न	ट	प	ब	न	भ	भ	◌्	ओ	छ
◌ं	च	उ	त	◌ा	ड	◌ं	ख	अ	स	य	ग	ष	◌ं	क
स	ह	ठ	◌ि	य	ढ	ए	द	ध	र	स	◌ि	◌ा	व	◌ो
ल	च	छ	म	य	न	◌ी	त	◌ि	क	च	ह	क	न	◌ं
◌ा	म	श	च	◌ा	थ	च	य	◌ं	◌ा	र	स	य	उ	र
ह	ढ	ह	र	◌्	न	घ	ध	स	र	इ	ड	भ	◌ो	◌ि
क	आ	प	◌्	न	ऊ	व	र	◌ा	ज	द	◌ू	त	ठ	ग
◌ा	ब	थ	च	फ	ए	ध	◌ी	ल	थ	ड	भ	ट	न	◌ा
र	ष	आ	◌ा	ट	ड	थ	ठ	य	य	ध	व	स	र	न
इ	आ	ल	द	◌ू	त	◌ा	व	◌ा	स	ल	ख	र	द	ध
ए	इ	म	ह	ष	ट	इ	छ	ण	त	द	त	घ	य	छ

सलाहकार
दूतावास
राजदूत
नागरिकों
संघर्ष
राजनयिक
चर्चा
नीति
समुदाय
न्याय
मानवीय
अखंडता
समाधान
राजनीति
सरकार
संकल्प
सहयोग
भाषाओं
सुरक्षा
संधि

18 - Astronomie

उ	म	व	ग	र	ढ	उ	ध	च	र	ड	थ	उ	ग	क
ह	छ	◌े	स	स	ख	ब	ल	ल	इ	◌ॉ	ब	च	◌्	◌्
च	म	ध	थ	उ	ऊ	श	घ	◌्	त	ञ	क	छ	र	ष
ण	ध	श	ऊ	द	ए	श	य	ब	क	न	उ	◌े	ह	◌ु
उ	त	◌ा	ढ	फ	ष	ऊ	ड	ग	उ	◌ा	व	ट	ट	द
प	◌ा	ल	स	र	न	छ	द	म	छ	प	म	ल	ट	◌्
ग	र	◌ा	न	क	◌्	ष	त	◌्	र	स	◌ा	◌ं	स	र
◌्	◌ा	ण	ष	र	◌्	क	व	◌ा	त	◌्	र	◌ु	◌ु	ग
र	ख	ग	◌ो	ल	व	◌ि	ज	◌्	ञ	◌ा	न	◌ी	च	◌्
ह	ल	र	ख	ऊ	ख	ख	ड	ष	ध	द	ध	इ	ब	र
ष	श	प	◌ृ	थ	◌्	व	◌ी	ढ	इ	द	◌ॅ	श	ऊ	ह
व	◌ि	क	◌ि	र	ण	ब	◌्	र	ह	◌्	म	◌ा	◌ं	ड
आ	◌ा	व	◌ि	ष	◌ु	व	ऊ	आ	ण	ष	ट	क	च	म
फ	र	इ	न	◌ि	ह	◌ा	र	◌ि	क	◌ा	ख	आ	च	ब
ञ	ध	ट	ए	ब	द	◌ू	र	ब	◌ी	न	छ	छ	ट	ग

पृथ्वी
क्षुद्रग्रह
खगोल विज्ञानी
राशि
विषुव
आकाश
ब्रह्मांड
चाँद
उल्का
निहारिका
वेधशाला
ग्रह
रॉकेट
उपग्रह
तारा
नक्षत्र
विकिरण
दूरबीन
संसार
गुरुत्वाकर्षण

19 - Vakantie #2

ड	◌े	र	◌ा	ड	◌ा	ल	न	◌ा	न	ह	व	ि◌	र	प
स	त	प	आ	ल	ग	श	द	◌े	ि◌	व	ध	न	छ	भ
द	◌्	व	◌ी	प	ह	◌ा	उ	ट	ऊ	◌ा	स	ग	◌ु	◌ो
उ	आ	ह	घ	ध	ध	क	घ	ढ	य	ई	ढ	च	ट	ज
आ	ग	प	ट	ड	ऊ	व	ञ	प	ष	अ	ञ	आ	◌्	न
ब	र	◌ं	ण	ष	इ	अ	थ	ख	ब	ड	न	प	ट	◌ा
न	द	क	त	थ	व	ञ	स	◌ी	क	◌्	◌ै	ट	◌ी	ल
क	◌्	र	◌्	व	व	ि◌	श	ठ	र	ड	ऊ	र	ख	य
◌्	◌ु	म	ष	ष	◌्	ण	द	ग	र	◌ा	त	◌्	◌ा	य
श	म	ढ	उ	प	ण	य	घ	◌े	उ	ञ	म	प	ह	त
◌ा	स	म	◌ु	द	◌्	र	त	ट	श	ल	ट	◌ो	ह	◌ं
प	ह	ऊ	त	ह	ए	घ	ठ	ऊ	स	◌ी	ढ	स	ढ	ब
म	ब	स	व	म	ऊ	च	व	◌ी	ज	◌ा	ण	◌ा	त	◌ू
थ	ब	न	घ	ब	ड	त	ट	व	उ	ब	ए	प	भ	द
ख	न	त	ण	ए	श	ध	द	ढ	ड	र	उ	र	त	म

गंतव्य
विदेशी
विदेश
द्वीप
होटल
नक्शा
डेरा डालना
हवाई अड्डा
पासपोर्ट
यात्रा
आरक्षण
भोजनालय
समुद्र तट
टैक्सी
तंबू
छुट्टी
परिवहन
वीजा
अवकाश
समुद्र

20 - Weersomstandigheden

ध	च	आ	ब	व	◌ं	ड	र	ब	फ	क	भ	स	ढ	त
ठ	ठ	इ	◌ं	ड	व	स	ग	र	प	◌ो	उ	ग	ब	◌ा
ट	ष	ग	आ	ध	ब	ग	ठ	◌्	त	ह	ए	र	य	प
न	ष	ण	ष	ऊ	◌ी	ल	फ	फ	स	र	थ	ठ	ह	म
ट	य	ल	ऊ	ढ	घ	न	स	◌ू	न	◌ा	म	म	व	◌ा
इ	उ	ष	◌्	ण	क	ट	◌ि	ब	◌ं	ध	◌ी	य	◌ा	न
थ	◌ं	आ	ए	ष	च	न	आ	य	च	आ	स	आ	न	इ
ष	ष	द	ख	ब	ढ	फ	ऊ	य	व	◌ी	र	◌ु	◌्	ध
स	प	ट	◌्	उ	व	◌ा	य	◌ु	म	◌ं	ड	ल	घ	भ
त	◌ू	ड	ढ	र	ञ	◌ू	प	◌ा	घ	ब	स	◌ी	ठ	र
आ	र	ख	ट	न	ध	त	स	व	ञ	◌ा	ड	ज	र	ग
य	द	श	◌ा	द	ऊ	न	छ	ल	ल	द	ड	◌ि	फ	ए
ब	◌ा	ढ	◌़	उ	ट	इ	◌ु	ज	न	ल	ब	ब	ञ	ल
ण	ड	इ	ड	आ	क	◌ा	श	ष	म	ञ	य	ठ	ण	ग
ष	व	ध	आ	छ	न	भ	स	भ	ऊ	ण	प	ट	घ	ढ

वायुमंडल
बिजली
गरज
सूखा
आकाश
बर्फ
जलवायु
कोहरा
मानसून
तूफान
बाढ़
ध्रुवीय
इंद्रधनुष
आंधी
तापमान
बवंडर
उष्णकटिबंधीय
नम
हवा
बादल

21 - Eten #2

ध	ख	ह	ढ	र	ह	ड	आ	च	छ	ऊ	ढ	स	त	ढ
ब	◌्र	र	◌ो	क	◌ो	ल	◌ी	ड	◌ा	ध	ध	ए	फ	म
श	व	ग	र	ग	ग	थ	ढ	◌ा	◌़	व	ब	ऊ	व	छ
ढ	ण	◌ू	ञ	ञ	य	त	ग	◌ं	ए	◌ू	ल	स	ह	ल
ठ	ट	◌ं	फ	ड	ल	फ	भ	अ	ढ	ष	ए	न	उ	◌ी
आ	ड	अ	घ	ख	श	त	व	ह	थ	ड	ल	ब	द	स
ञ	स	म	ग	ढ	ल	ह	स	◌े	ब	छ	प	इ	त	ब
ग	स	घ	छ	ध	ञ	◌ै	द	उ	ग	घ	थ	र	घ	ड
ए	न	क	◌ि	च	उ	म	ह	ञ	घ	ड	ढ	उ	ध	व
ल	◌ा	◌े	क	ढ	द	आ	◌ी	र	प	ष	ट	त	ट	च
छ	◌्र	ट	भ	ऊ	श	ल	स	ख	ब	थ	य	ल	स	आ
प	न	◌ी	र	◌ी	व	◌ा	त	श	◌ा	द	ड	द	श	ट
ढ	न	◌ो	प	ट	ष	ञ	ए	य	द	क	◌ी	व	◌ी	प
ट	अ	र	ट	◌ा	म	ट	घ	ऊ	◌ा	ब	◌ै	◌ं	ग	न
ढ	ऊ	उ	ण	आ	ए	छ	ट	ञ	म	ग	◌े	ह	◌ू	◌ँ

बादाम
अनन्नास
सेब
शतावरी
बैंगन
केला
ब्रोकोली
रोटी
अंगूर
अंडा
हैम
पनीर
चिकन
कीवी
आड़
चावल
गेहूँ
टमाटर
मछली
दही

22 - Geologie

आ	स	स	◌्	ट	◌ै	ल	◌े	क	◌्	ट	◌ि	ट	भ	क
प	म	ह	◌ा	द	◌्	व	◌ी	प	आ	श	छ	ज	◌ू	◌्
◌ि	ए	उ	इ	छ	ण	◌ा	प	ण	स	ण	य	◌्	क	र
घ	स	छ	क	ड	ए	◌ा	उ	र	◌ा	ठ	प	व	◌ं	◌ि
ल	◌ि	ठ	आ	◌्	ठ	ल	ष	थ	त	ए	ग	◌ा	प	स
◌ा	ड	ञ	प	द	व	फ	ध	◌्	ण	घ	ब	ल	घ	◌्
ह	आ	त	उ	ष	◌ा	◌ा	ड	त	ञ	य	व	◌ा	द	ट
◌ु	ल	इ	ञ	स	ट	◌ु	र	प	प	ष	न	म	ज	ल
आ	ख	न	◌ि	ज	क	ग	ष	◌्	म	र	म	◌ु	◌ी	र
ण	ठ	ग	भ	ऊ	श	इ	ढ	ढ	ट	त	क	ख	व	ञ
ए	आ	थ	फ	म	◌ू	◌ं	ग	◌ा	ट	◌्	ऊ	◌ी	◌ा	व
क	◌ै	ल	◌्	श	◌ि	य	म	ष	स	ष	ज	इ	श	ञ
ए	श	ण	व	स	व	ए	प	ढ	ढ	◌े	ष	घ	◌्	ढ
व	आ	भ	भ	व	य	व	द	प	छ	◌्	र	ए	म	म
ड	इ	उ	ट	ञ	ध	आ	र	घ	ह	क	च	उ	म	म

भूकंप
कैल्शियम
महाद्वीप
कटाव
जीवाश्म
पिघला हुआ
गुफा
मूंगा
क्रिस्टल
कार्ट्ज

परत
लावा
खनिज
पठार
स्टैलेक्टिट
पत्थर
ज्वालामुखी
क्षेत्र
नमक
एसिड

23 - Specerijen

थ	ए	र	थ	ख	इ	ल	ध	ल	उ	व	भ	न	च	ब
ज	य	ा	्	प	ल	ौ	फ	ह	अ	ग	न	द	इ	स
ा	थ	ी	े	म	ा	ं	ढ	स	द	छ	उ	ी	घ	ल
य	ठ	ज	म	द	य	ग	च	ु	र	न	म	्	ल	य
फ	घ	द	द	ढ	च	ट	क	न	क	ब	न	ल	य	ा
ल	ख	ध	आ	ा	ौ	भ	श	ड	घ	ड	ञ	ह	म	ि
ण	च	न	म	क	ल	ध	इ	प	़	श	ढ	ग	ि	न
श	र	म	ठ	ऊ	स	च	द	फ	फ़	व	म	प	ठ	ध
स	्	व	ा	द	ौ	इ	ौ	इ	र	म	ा	न	ा	र
थ	ि	ण	च	ल	ं	फ	आ	न	त	भ	व	ठ	ई	उ
ल	म	व	र	भ	फ	थ	ठ	ढ	ौ	भ	ल	प	ख	द
क	उ	भ	थ	भ	न	ध	स	स	घ	ण	ढ	ल	ए	ध
र	क	े	स	र	र	व	छ	म	ख	ण	ध	भ	प	द
ौ	ड	ह	भ	भ	ह	ख	ग	भ	ख	च	ह	प	स	ण
घ	उ	छ	न	ठ	छ	छ	ञ	थ	ण	इ	फ	प	ए	थ

कड़वा
मेथी
अदरक
दालचीनी
इलायची
करी
लहसुन
जीरा
धनिया
लौंग

हल्दी
जायफल
मिर्च
केसर
स्वाद
प्याज
वनीला
सौंफ
मिठाई
नमक

24 - Groenten

ढ	ए	ह	अ	ए	ख	ह	ढ	ए	द	उ	प	स	ग	य
उ	य	इ	थ	द	ए	म	ख	न	ग	फ	ट	य	◌ा	ठ
ट	ध	ऊ	इ	प	र	स	थ	इ	स	घ	ए	य	ज	म
व	ध	द	◌ू	◌्	द	क	ह	◌ा	थ	◌ी	च	क	र	ट
प	ल	ठ	फ	य	म	घ	ख	व	थ	ऊ	स	ग	द	र
श	ट	त	म	◌ा	ख	ल	व	ज	ढ	ड	त	र	ख	इ
च	ठ	घ	इ	ज	घ	ख	श	अ	श	प	फ	अ	द	ष
ब	◌्	र	◌ो	क	◌ो	ल	◌ी	छ	थ	◌ा	ष	ज	उ	ठ
म	श	र	◌ू	म	द	◌ी	ए	ब	◌ू	ल	आ	म	ढ	व
ट	ख	◌ी	र	◌ा	छ	◌ू	श	◌ै	श	क	स	◌ो	घ	य
प	म	ष	ट	ख	ञ	म	श	◌ं	त	छ	ल	द	ठ	ग
ञ	ज	◌ा	ज	◌ै	त	◌ू	न	ग	आ	न	◌ा	ध	न	इ
ल	ल	ष	ट	भ	ट	ठ	फ	न	ख	प	द	ष	ढ	ध
द	श	प	च	र	ए	द	ञ	ल	ह	स	◌ु	न	ट	ब
उ	ग	ठ	आ	ल	इ	ग	ग	उ	उ	च	म	घ	छ	य

आलू
हाथी चक
बैंगन
ब्रोकोली
मटर
अदरक
लहसुन
खीरा
जैतून
मशरूम

अजमोद
कद्दू
शलजम
मूली
सलाद
अजवाइन
पालक
टमाटर
प्याज
गाजर

25 - Archeologie

म	अ	ग	म	प	भ	व	ण	ब	ठ	य	ण	ड	ढ	ए
◌ी	◌ू	व	श	र	ख	त	◌ि	ल	ग	ञ	फ	उ	ह	भ
ट	व	ल	श	ह	इ	ट	र	श	घ	इ	ऊ	म	ए	र
प	◌ि	◌ा	◌्	◌े	र	ब	क	म	◌्	उ	ड	भ	ड	इ
◌ु	श	स	ज	य	ष	ऊ	उ	ञ	ष	ल	◌़	व	ल	श
र	◌े	ह	◌ी	◌्	◌ा	श	ब	भ	ष	घ	◌े	र	ञ	◌ो
◌ा	ष	ड	व	स	ए	◌ं	श	स	अ	ब	क	ष	ख	ध
त	ज	भ	◌ा	ह	ध	ब	क	श	न	ग	◌ु	उ	ण	क
न	◌्	घ	श	र	घ	इ	ण	न	ज	आ	ट	प	ट	र
त	ञ	प	◌्	य	◌ु	ग	च	त	◌ा	य	◌्	भ	स	◌्
◌ा	म	ग	म	घ	स	प	च	न	न	ल	ब	य	ञ	त
द	ञ	ड	ञ	व	ह	ड	◌्	ड	◌ि	य	◌ो	◌ं	भ	◌ा
त	श	इ	ओ	◌ं	त	◌ु	◌्	स	व	ठ	घ	च	ढ	उ
प	प	उ	ढ	श	भ	◌ु	ल	◌ा	द	◌ि	य	◌ा	उ	ल
य	द	भ	उ	ज	ठ	ए	म	◌ं	द	◌ि	र	द	ग	ध

विश्लेषण
सभ्यता
हड्डियों
विशेषज्ञ
मूल्यांकन
जीवाश्म
टुकड़े
मकबरे
साल
रहस्य

वंशज
वस्तुओं
अनजान
शोधकर्ता
पुरातनता
अवशेष
टीम
मंदिर
युग
भुला दिया

26 - Dans

ड	इ	ष	श	ल	ठ	इ	स	ध	ख	र	आ	घ	फ	ट
ह	र	◌्	ष	◌ि	त	व	◌ं	ग	म	◌ी	द	◌ा	क	अ
ब	द	ख	भ	छ	ख	फ	स	न	छ	ध	त	ऊ	ल	त
स	श	स	ट	न	ऊ	उ	◌्	आ	ण	ऊ	ष	य	◌ा	ड
न	◌ा	व	◌ा	भ	ल	◌ा	क	य	त	◌्	◌ृ	न	स	आ
र	ह	◌ं	श	थ	ग	छ	◌ृ	र	◌ि	ह	र	◌्	स	ल
च	भ	ग	स	य	र	◌ी	त	◌्	स	◌्	◌ा	श	घ	ऊ
न	स	ढ	भ	◌्	इ	ध	◌ि	ग	ह	थ	व	त	घ	ष
त	ड	◌ू	ब	ट	क	आ	आ	आ	र	ख	च	◌ा	ह	ण
ग	त	◌ि	च	व	स	◌ृ	म	ए	◌ी	◌ा	न	ल	ट	छ
इ	ण	ड	ग	क	ब	इ	त	व	र	द	प	◌ा	◌ृ	क
फ	र	त	स	◌ं	ग	◌ी	त	◌ि	श	◌ृ	द	◌ं	न	त
स	◌ा	थ	◌ी	स	फ	य	ध	छ	क	श	घ	आ	र	य
भ	स	श	ण	ट	ल	र	ऊ	ह	ण	◌्	ठ	च	ब	प
य	त	ढ	त	ढ	ण	न	त	ख	ह	य	ऊ	ग	ब	ध

अकादमी
गति
हर्षित
नृत्यकला
सांस्कृतिक
संस्कृति
भावना
सूचक
कृपा
आसन
शास्त्रीय
कला
शरीर
संगीत
साथी
रिहर्सल
ताल
परंपरागत
दृश्य

27 - Ziekte

त	य	ए	ग	स	ट	इ	ष	व	व	भ	व	र	घ	प
न	ष	ल	ि	द	स	ऊ	श	ग	ब	ऊ	प	प	ट	ष
्	इ	र	ो	ज	म	क	ह	ऊ	ऊ	व	आ	े	ह	ब
य	ऊ	्	ग	म	द	छ	भ	ग	श	त	ट	ऊ	ट	ठ
ु	ण	ज	इ	फ	व	प	य	प	त	थ	इ	ल	स	ध
र	र	ी	क	ो	ं	न	ज	ग	ो	र	व	्	ी	त
ो	च	ी	म	र	ो	ड	्	ं	ि	स	न	इ	ा	स
प	प	ु	र	ा	न	ी	आ	न	ु	व	ं	श	ि	क
ट	ऊ	ण	ा	श	उ	ज	ह	ड	्	ड	ि	य	ो	ं
ी	ण	ग	क	ख	च	आ	ू	न	भ	ध	च	न	र	श
ट	स	ख	्	ढ	य	थ	्	स	्	व	ा	्	स	्
छ	ख	ऊ	ं	व	ं	श	ा	न	ु	ग	त	ग	ऊ	व
ठ	आ	स	स	च	ि	क	ि	त	्	स	ा	च	द	स
फ	म	घ	आ	छ	र	घ	च	ढ	च	ट	ब	आ	र	न
ब	ष	ञ	ड	ल	ल	उ	न	न	क	ा	ठ	क	ा	ह

तीव्र
श्वसन
एलर्जी
संक्रामक
हड्डियों
पेट
पुरानी
वंशानुगत
आनुवंशिक
स्वास्थ्य
दिल
काठ का
शरीर
न्युरोपटी
सूजन
साइनस
सिंड्रोम
चिकित्सा
रोगजनकों
कमजोर

28 - Immigratie

स	ओ	ए	क	◌ा	न	◌ू	न	ध	ग	ए	ख	ह	ट	स
भ	◌ं	ए	आ	न	द	स	घ	अ	फ	◌़	स	र	ड	भ
व	म	च	म	ल	स	म	ञ	ञ	आ	ब	च	◌्	च	◌े
य	◌ा	ष	◌ा	प	◌्	ब	ब	त	व	◌ा	न	त	उ	थ
स	◌ी	म	◌ौ	र	त	स	◌ा	द	◌ा	ग	छ	◌ि	च	थ
◌्	स	प	स	ञ	◌ा	ऊ	म	त	स	आ	ष	थ	फ	थ
क	ल	च	य	ध	व	अ	इ	◌ा	च	ह	आ	◌ि	श	भ
◌ो	इ	थ	म	स	◌े	न	प	य	ध	◌ौ	ढ	◌्	म	न
◌ं	त	ढ	स	◌ं	ज	◌ु	फ	◌ा	आ	◌ा	त	स	ऊ	न
भ	◌ा	ष	◌ा	र	◌ो	म	फ	ह	म	ण	न	ढ	य	इ
इ	ठ	इ	ठ	क	◌ं	◌ो	द	स	व	आ	य	भ	ष	स
इ	ए	ख	प	◌्	व	द	फ	ढ	ढ	ण	ऊ	इ	ट	श
य	ग	ण	प	ष	श	न	स	श	◌ा	र	◌्	प	थ	ब
ख	म	ठ	थ	ण	प	◌्	र	क	◌्	र	◌ि	य	◌ा	ब
ड	घ	प	ट	ग	थ	य	ट	ञ	ठ	इ	द	ठ	द	उ

प्रशासन
संरक्षण
संचार
दस्तावेजों
अनुमोदन
सीमाओं
आवास
सहायता
बच्चे
अफ़सर
बातचीत
समाधान
प्रक्रिया
स्थिति
तनाव
भाषा
समय सीमा
वयस्कों
कानून

29 - Mythologie

भ	च	श	ध	ड	स	द	ख	प	य	द	छ	व	स	ढ
ई	◌ू	भ	ब	व	◌ृ	स	ठ	ट	◌ो	व	द	◌्	◌्	ठ
र	व	ल	व	च	ज	र	ग	ध	द	प	त	य	व	म
◌्	ठ	◌ी	भ	ल	न	स	ष	क	◌्	◌ा	र	व	र	◌ू
ष	ठ	ज	म	◌ु	द	इ	◌ं	व	ध	द	फ	ह	◌्	ल
◌्	द	◌ि	ध	घ	ल	स	स	स	◌ा	प	ल	◌ा	ग	र
य	इ	ब	ञ	ध	भ	◌ै	फ	ल	◌्	आ	म	र	न	◌ू
◌ा	ल	द	ब	ख	ब	उ	य	ण	न	क	स	द	◌ा	प
ऊ	ब	श	ञ	न	ष	ध	स	◌ा	च	श	◌ृ	ब	य	आ
न	◌ा	य	◌ि	क	◌ा	न	थ	ए	उ	थ	◌्	त	क	द
फ	ह	त	ढ	द	◌ं	त	क	थ	◌ा	य	ट	व	◌ि	र
र	ध	ऊ	ख	ह	र	ष	य	उ	र	ब	ठ	त	र	◌्
ल	ड	ध	र	ध	आ	ए	फ	ह	छ	ब	ठ	◌ा	थ	श
ढ	ज	◌ं	त	◌ु	ब	य	ठ	ए	इ	र	च	क	ल	ण
अ	म	र	त	◌ा	य	प	ह	इ	फ	श	च	त	ह	ट

मूलरूप आदर्श
बिजली
सृजन
संस्कृति
गरज
भूलभुलैया
व्यवहार
नायक
नायिका
स्वर्ग
ईर्ष्या
ताकत
योद्धा
दंतकथा
राक्षस
अमरता
आपदा
नश्वर
जंतु
बदला

30 - Eten #1

व	ह	ध	व	य	छ	ग	ए	फ	स	म	म	ल	द	ठ
त	म	घ	फ	ठ	र	आ	ढ	स	ल	च	◌ू	ह	घ	य
◌ी	◌ु	फ	ड	ब	उ	द	र	ज	◌ा	ग	◌ं	स	उ	फ
प	स	ल	त	स	च	ल	ह	य	द	य	ग	◌ु	स	त
◌ा	◌ू	म	स	न	म	क	द	◌ा	थ	उ	फ	न	प	ठ
श	प	त	ध	◌ी	न	स	ण	◌्	ष	न	ल	◌ी	◌ा	ष
◌ा	छ	छ	स	श	न	ड	द	प	ए	ए	◌ी	ब	ल	इ
न	ब	ल	न	◌ी	च	◌ी	ल	◌ा	द	ञ	च	◌ा	क	ठ
ढ	व	म	◌ी	ज	◌ौ	ल	च	न	ध	श	ड	◌ु	ष	द
ञ	श	ब	◌ं	ए	घ	ए	ण	◌ी	ब	घ	ढ	ख	च	फ
ठ	श	म	ब	र	ड	र	श	द	न	◌ा	◌ू	ट	भ	य
ह	ठ	भ	◌ू	च	आ	फ	स	◌ू	ब	◌ी	फ	ग	ढ	व
म	थ	भ	म	◌ा	◌ं	स	न	ध	ण	ग	ग	व	ष	उ
स	◌्	ट	◌्	र	◌ॉ	ब	◌े	र	◌ी	इ	ड	आ	आ	त
ल	ऊ	थ	त	ञ	ञ	ट	श	ञ	ड	ह	न	ट	च	ख

स्ट्रॉबेरी
खुबानी
तुलसी
नींबू
जौ
दालचीनी
लहसुन
दूध
नाशपाती
मूंगफली

सलाद
रस
सूप
पालक
चीनी
टूना
प्याज
मांस
गाजर
नमक

31 - Avontuur

प	थ	प	◌्	र	द	र	◌्	श	न	ट	द	भ	छ	च
र	छ	ण	ट	इ	ए	श	ल	क	ठ	ि◌	न	◌ा	ई	◌ु
ण	च	म	स	क	◌ा	◌ौ	म	आ	ण	फ	स	छ	उ	न
व	◌ी	र	त	◌ा	य	◌ा	त	◌्	र	◌ा	◌ु	ग	ग	◌ौ
प	स	◌्	ि◌	न	य	फ	ष	न	ख	त	◌ं	◌ं	ऊ	त
उ	म	भ	क	र	न	न	ध	ब	ए	छ	द	त	भ	ि◌
म	ध	ऊ	◌ृ	त	◌्	श	ड	इ	इ	ट	र	व	द	य
द	इ	ष	र	ख	म	इ	ण	ह	न	ध	त	◌्	स	◌ो
◌ो	च	द	◌्	ष	◌ा	क	◌्	र	◌ु	स	◌ा	य	उ	◌ं
स	स	ऊ	प	ह	◌ा	ग	त	ि◌	व	ि◌	ध	ि◌	त	न
◌्	इ	प	प	ऊ	स	ह	ढ	न	इ	घ	भ	ठ	श	स
त	आ	व	आ	श	अ	◌ा	र	◌ी	य	◌ा	◌ै	त	स	श
◌ो	त	व	ख	ण	च	य	◌्	◌्	द	ल	ख	च	छ	इ
◌ं	ड	श	त	उ	स	ष	ट	त	ष	ष	स	म	ग	ए
ठ	थ	न	ह	ब	फ	स	ल	व	उ	ट	ए	ञ	ष	थ

गतिविधि
गंतव्य
उत्साह
भ्रमण
खतरनाक
मौका
वीरता
कठिनाई
प्रकृति
पथ प्रदर्शन
नया
असामान्य
यात्रा
सुंदरता
चुनौतियों
सुरक्षा
तैयारी
हर्ष
दोस्तों

32 - Restaurant #2

श	ब	श	ह	ञ	र	ख	च	छ	व	क	म	ठ	इ	ध
ठ	स	ब	य	ध	◌ा	ष	त	ब	◌े	◌ा	छ	क	◌े	क
स	ठ	ल	ठ	उ	त	स	इ	च	ट	◌ं	ल	ढ	ल	फ
◌्	न	क	◌ा	इ	क	ह	ब	म	र	ट	◌ी	ए	व	भ
व	म	◌ु	ख	द	◌ा	ह	ट	◌्	न	◌ा	ख	छ	ध	छ
◌ा	क	र	श	इ	ख	ब	प	म	ज	म	स	◌ा	ल	◌े
द	फ	◌्	र	ब	◌ा	त	र	च	भ	◌ि	त	य	घ	ऊ
◌ि	व	स	उ	य	न	◌ी	◌ा	प	◌ो	भ	य	र	न	प
ष	आ	◌ी	स	घ	◌ा	र	ञ	ट	क	थ	◌े	◌ा	फ	श
◌्	श	त	च	ह	ह	ग	ञ	ग	◌ा	श	प	इ	◌ं	ल
ट	ण	प	ब	स	द	फ	भ	ष	र	उ	ख	ल	स	ञ
न	◌ू	ड	ल	◌्	स	म	ट	ऊ	ह	ठ	ष	च	म	प
य	फ	◌े	त	उ	ध	भ	घ	म	प	ए	ध	इ	व	ध
प	घ	◌ं	स	◌ू	प	ठ	ए	ड	◌ो	म	श	न	फ	ख
ड	इ	अ	त	ऊ	च	आ	र	न	द	ण	त	श	प	भ

केक
रात का खाना
पेय
अंडे
फल
सब्जियां
स्वादिष्ट
बर्फ
चम्मच
दोपहर क भोजन

नूडल्स
वेटर
सलाद
सूप
मसाले
कुर्सी
मछली
कांटा
पानी
नमक

33 - De Media

ब	◌ौ	द	◌्	ध	◌ि	क	ऊ	य	ष	र	र	ट	स	ए
स	म	◌ा	च	◌ा	र	प	त	◌्	र	ह	भ	व	◌ा	र
व	◌ा	ण	◌ि	ज	◌्	य	◌ि	क	फ	य	घ	छ	र	श
आ	प	त	◌्	र	◌ि	क	◌ा	ओ	◌ं	इ	त	य	◌्	त
ण	ग	द	◌ृ	ष	◌्	ट	◌ि	क	◌ो	ण	ए	व	व	ष
र	य	ख	न	ठ	ड	स	◌ं	च	◌ा	र	फ	◌ि	ज	ऊ
क	◌ो	श	इ	थ	त	◌ि	क	◌्	य	◌्	व	ज	न	ऊ
स	◌्	थ	◌ा	न	◌ी	य	ज	घ	ष	◌ा	क	◌्	◌ि	श
◌्	द	श	ल	ज	स	◌्	न	◌ि	म	इ	ण	ञ	क	ख
◌ं	उ	भ	न	व	ग	थ	न	◌े	ट	र	ल	◌ा	प	ष
स	प	छ	ऑ	◌ि	ग	त	ख	त	ट	ल	श	प	म	ञ
ग	छ	ढ	त	ल	र	◌ा	य	स	ट	व	ट	न	फ	श
आ	ढ	घ	च	◌ी	भ	थ	ध	र	स	ठ	र	ण	इ	घ
य	◌ो	ड	◌ि	◌े	र	च	घ	ह	ञ	व	छ	◌्	फ	द
म	फ	स	घ	ट	श	न	स	ढ	ड	र	द	छ	क	ठ

विज्ञापन
वाणिज्यिक
संचार
डिजिटल
संस्करण
तथ्य
दृष्टिकोण
व्यक्ति
उद्योग
बौद्धिक
समाचार पत्र
स्थानीय
राय
नेटवर्क
शिक्षा
ऑनलाइन
सार्वजनिक
रेडियो
टेलीविजन
पत्रिकाओं

34 - Bijen

ड	ष	ल	स	ल	श	ख	ह	द	ऊ	फ	न	उ	ए	स
आ	ड	ऊ	ख	◌ा	श	◌ं	ट	च	न	आ	ञ	भ	फ	◌ू
ष	ण	प	ण	भ	ऊ	प	र	◌ा	ग	ण	क	र	छ	र
झ	ऊ	आ	इ	क	ए	य	न	◌ी	◌ा	र	र	ञ	फ	◌्
◌ु	व	ढ	स	◌ा	भ	फ	ठ	ग	र	द	भ	ड	ध	य
◌ं	ख	न	थ	र	श	ह	द	ब	प	म	◌ो	म	ल	आ
ड	ट	आ	ल	◌ी	ट	र	ख	थ	ऊ	ण	ज	ह	ख	भ
र	प	च	ड	फ	◌ू	ल	क	◌ी	ट	च	न	स	◌ि	ष
भ	◌ौ	ध	ब	ष	न	आ	फ	ऊ	छ	र	च	उ	ल	न
ढ	ध	◌ु	व	◌ि	व	◌ि	ध	त	◌ा	त	म	ट	न	उ
च	◌े	आ	न	प	म	व	ष	व	ञ	द	◌्	इ	◌ा	ड
घ	ध	◌ँ	ग	य	आ	य	ठ	छ	इ	छ	छ	त	ख	य
उ	स	त	व	ख	न	च	इ	ख	भ	ह	ए	थ	◌ा	घ
र	ए	इ	भ	ऊ	त	ध	ण	ठ	ड	घ	ध	घ	ष	घ
आ	ट	भ	ण	ञ	फ	छ	इ	ग	ह	म	ख	छ	प	म

परागणक
छत्ता
फूल
खिलना
विविधता
फल
शहद
कीट
रानी
पौधे

धुआँ
पराग
बगीचा
पंख
भोजन
लाभकारी
मोम
सूर्य
झुंड

35 - Wandelen

ट	थ	न	ट	म	ख	प	ऊ	श	प	थ	द	ख	ज	ड
च	ए	क	च	च	त	त	ख	ण	घ	प	श	ञ	◌ा	◌े
ट	थ	◌्	द	◌्	र	◌्	र	◌ी	य	◌ा	◌ै	त	न	र
ज	त	श	न	छ	◌ो	थ	थ	प	◌ु	र	अ	ज	व	◌ा
भ	◌ू	◌ा	ल	र	◌ं	र	क	फ	◌ा	◌्	भ	◌ं	र	ड
स	द	त	म	◌ो	र	घ	ग	भ	व	क	◌ि	ग	◌ो	◌ा
च	◌ू	इ	◌े	◌ं	श	इ	य	श	ल	र	व	ल	◌ं	ल
ट	त	र	म	न	घ	छ	◌ा	म	ज	श	◌ि	◌ी	ल	न
◌्	ड	इ	◌्	ढ	ग	फ	ठ	प	च	ख	न	स	ध	◌ा
ट	ख	फ	स	य	र	प	न	ए	ध	भ	◌्	ष	ख	र
◌ा	द	व	र	घ	ड	ह	ह	फ	व	◌ा	य	छ	ह	ञ
न	थ	उ	ख	ञ	उ	प	प	◌ा	ष	र	◌ा	भ	ञ	स
भ	फ	त	◌ि	क	◌ृ	र	◌्	प	ड	◌ी	स	प	ग	न
न	ण	ग	श	भ	म	ष	इ	घ	र	◌़	प	◌ा	न	◌ी
स	व	ठ	ब	ख	ञ	ण	ए	उ	ब	ण	य	ब	घ	ण

पहाड़
जानवरों
खतरों
नक्शा
डेरा डालना
चट्टान
जलवायु
जूते
थक गया
मच्छरों
प्रकृति
अभिविन्यास
पार्क
पत्थर
शिखर सम्मेलन
तैयारी
पानी
जंगली
सूर्य
भारी

36 - Biologie

उ	स	◌्	त	न	प	◌ा	य	◌ी	ल	ष	श	ञ	आ	श
त	श	ञ	इ	आ	व	थ	ञ	ण	व	ब	भ	र	ञ	र
◌्	च	छ	ख	प	ऊ	ञ	च	छ	आ	थ	ख	ब	द	◌ी
प	स	◌ृ	◌ी	र	स	क	◌ा	◌ि	व	ठ	ण	छ	स	र
र	त	◌्	स	◌ू	ण	◌ु	ग	न	ल	ह	ठ	भ	घ	र
◌ि	द	ए	भ	त	क	त	◌ि	क	◌ृ	र	◌ा	◌्	प	च
व	थ	भ	भ	य	फ	श	थ	ठ	फ	आ	ड	र	घ	न
र	अ	न	◌्	त	र	◌्	ग	◌्	र	थ	न	◌ू	भ	◌ा
◌्	ब	◌ै	क	◌्	ट	◌ी	र	◌ि	य	◌ा	ज	ण	श	न
त	ष	र	उ	ध	न	ध	ए	ह	ग	न	ल	श	न	◌्
न	ट	◌ी	र	◌ो	◌्	प	य	◌ं	च	ढ	◌े	आ	स	य
ह	◌ा	र	◌्	म	◌ो	न	ध	य	ज	ए	◌ो	ह	म	◌ू
फ	थ	ध	श	◌्	व	स	न	छ	स	◌ा	क	ढ	स	र
ल	ट	ध	फ	ढ	ट	र	ट	घ	य	◌े	इ	घ	अ	◌ॉ
स	◌ि	म	◌्	ब	◌ा	य	◌ो	स	◌ि	स	ल	म	ण	न

श्वसन
शरीर रचना
बैक्टीरिय
सेल
गुणसूत्र
कोलेजन
प्रोटीन
भ्रूण
एंजाइम
विकास

हामोन
उत्परिवर्तन
प्राकृतिक
न्यूरॉन
असमस
सरीसृप
सिम्बायोसिस
अन्तर्ग्रंथन
नस
स्तनपायी

37 - Landen #1

व	ब	ट	त	ण	त	ए	म	क	र	ह	छ	ग	ण	व
ध	ठ	व	ग	ब	द	ठ	इ	न	ञ	द	ग	द	र	घ
आ	श	◌े	य	प	◌्	ष	श	◌ा	ज	र	◌्	म	न	◌ी
इ	ज	र	◌ा	इ	ल	र	ग	ड	ल	◌ै	◌ं	◌ो	प	ल
ख	श	◌्	ब	च	म	प	◌ा	◌ा	भ	ऊ	ञ	थ	◌े	◌ा
ढ	ह	◌ॉ	◌ि	य	◌ा	◌ो	थ	ज़	ए	ठ	ऊ	ट	◌्	त
ठ	इ	न	◌ी	ए	◌ा	ञ	र	फ	◌ी	ल	ट	इ	स	व
ञ	ग	फ	ल	ख	न	ण	ठ	क	ऊ	ल	ख	फ	थ	◌ि
य	ल	छ	फ	ख	प	घ	उ	त	◌्	त	द	ऊ	व	य
ब	◌े	ल	◌्	ज	◌ि	य	म	छ	ड	क	◌ा	र	इ	◌ा
ड	आ	म	ठ	म	च	म	◌ि	स	◌्	र	◌ो	ख	इ	भ
प	छ	ख	श	इ	ए	◌ि	क	◌ं	ब	◌ो	ड	◌ि	य	◌ा
त	व	त	ख	त	ढ	ञ	ल	इ	द	ट	द	ब	ड	ढ
र	◌ो	म	◌ा	न	◌ि	य	◌ा	◌ी	स	◌े	न	◌े	ग	ल
थ	न	◌ि	क	◌ा	र	◌ा	ग	◌ु	आ	ख	ढ	थ	फ	छ

बेल्जियम
ब्राज़ील
कंबोडिया
कनाडा
चिली
जर्मनी
मिस्र
इराक
इजराइल
इटली
लातविया
लीबिया
मोरक्को
निकारागुआ
नॉर्वे
पनामा
पोलैंड
रोमानिया
सेनेगल
स्पेन

38 - Installaties

ख	ब	भ	थ	घ	च	ड	ग	ञ	घ	प	ञ	ख	य	ष
घ	◌ि	ठ	ड	श	भ	फ	थ	ब	ए	◌े	ष	त	फ	उ
न	द	ल	न	ट	इ	न	फ	फ	उ	ड	ख	छ	ब	इ
प	र	स	न	ए	ट	◌ी	ब	◌ू	◌ी	◌़	ड	ज	◌ा	प
ण	त	छ	◌े	◌ा	ब	ध	व	द	व	ञ	ल	व	◌ं	त
ज	ड	◌़	य	म	ब	◌ु	श	इ	न	व	ग	न	स	◌्
उ	र	◌्	व	र	क	त	ख	ए	आ	फ	व	स	ठ	त
म	ह	ए	ब	ष	न	◌ा	◌़	ढ	ब	ह	ट	◌्	न	◌े
घ	ल	ड	य	उ	घ	ढ	छ	क	◌े	य	ऊ	प	उ	ठ
ट	ह	ख	ल	ई	◌ा	क	न	◌ै	र	ट	घ	त	न	स
ब	ग	◌ी	च	◌ा	स	ल	ध	क	◌ी	ढ	र	◌ि	य	फ
य	घ	च	छ	ग	ब	ड	म	◌्	म	ट	ठ	ण	इ	छ
फ	◌ू	ल	आ	ढ	द	न	इ	ट	प	त	◌्	त	◌ा	ष
ट	भ	श	इ	ल	ए	ट	ढ	स	ग	उ	फ	ऊ	ग	र
च	फ	र	द	इ	य	ल	म	ल	थ	प	ह	ड	ण	व

बांस
बेरी
पत्ता
फूल
खिलना
पेड़
सेम
वन
कैक्टस
पत्ते
घास
बढ़ना
आइवी
जड़ी बूटी
उर्वरक
काई
बुश
बगीचा
वनस्पति
जड़

39 - Agronomie

ल	ञ	न	ढ	न	घ	व	प	◌ा	न	◌ी	ञ	न	ल	ग
उ	ख	ष	◌ि	◌ृ	क	न	◌ि	ब	र	◌्	◌ा	क	ष	ह
घ	र	र	य	ढ	य	◌ा	◌ं	ज	◌ि	◌्	ब	स	ध	ष
ल	◌ो	ग	म	द	ठ	प	ध	ब	◌्	स	ञ	थ	ल	र
ञ	ग	ट	ण	न	ऊ	ष	ड	प	◌ी	ञ	इ	फ	न	थ
न	◌ो	ल	ण	ठ	ण	म	थ	श	ण	ज	◌ा	◌्	र	ऊ
ध	◌ं	ए	च	य	ण	ष	द	◌ू	र	◌्	प	न	ञ	उ
◌ा	र	उ	उ	ण	ठ	उ	ट	च	व	क	ट	भ	ह	त
स	◌ि	स	◌्	ट	म	ख	छ	ष	य	आ	ट	न	स	◌्
◌ं	ट	◌ि	क	◌ा	ऊ	व	◌ि	क	◌ा	स	ब	◌ा	ष	प
◌ु	त	ढ	भ	ण	म	◌ी	र	◌ा	◌्	ग	प	ट	व	◌ा
न	व	द	श	य	व	ह	म	क	र	व	◌्	र	उ	द
अ	ए	आ	श	ढ	द	न	ऊ	म	प	ढ	य	ट	थ	न
प	◌ा	र	◌ि	स	◌्	थ	◌ि	त	◌ि	क	◌ी	ध	ढ	ट
छ	ग	स	स	प	ह	च	◌ा	न	स	छ	द	श	श	प

टिकाऊ
पारिस्थितिकी
ऊर्जा
कटाव
विकास
सब्जियां
पहचान
कृषि
ग्रामीण
उर्वरक

पर्यावरण
अनुसंधान
कार्बनिक
उत्पादन
सिस्टम
प्रदूषण
पानी
विज्ञान
बीज
रोगों

40 - Oceaan

म	◌ू	◌ं	ग	◌ा	ण	व	स	च	ट	◌्	ट	◌ा	न	न
द	घ	थ	ञ	भ	ख	द	◌्	ढ	म	ढ	आ	स	ब	प
च	स	प	श	त	ठ	उ	प	घ	ढ	स	ष	न	व	ए
ड	ढ	ग	ष	न	प	र	◌ं	◌े	र	ह	ल	ड	◌्	ष
ट	प	ग	ण	च	उ	ग	ज	श	व	◌ा	न	ढ	ह	ल
म	◌ू	ठ	ण	ढ	न	म	व	ष	◌ा	न	ब	ज	◌े	ऑ
स	न	न	फ	ि◌	ल	◌्	◌ॉ	ड	◌्	न	च	◌े	ल	क
आ	द	य	◌ा	क	छ	◌ु	आ	ग	ज	च	थ	ल	प	◌्
म	श	न	ब	म	प	फ	ण	ड	उ	द	ग	ि◌	ब	ट
न	म	क	ब	श	ड	झ	ब	य	ष	स	ब	फ	ड	◌ो
स	स	ब	श	ह	ड	ष	◌ी	र	उ	श	ञ	◌़	श	प
व	◌ी	ष	◌ै	भ	ञ	ह	ल	◌ं	फ	र	ए	ि◌	◌ा	स
थ	द	प	व	ऊ	व	ण	छ	ड	ग	ल	ष	श	र	ण
म	ड	◌़	◌ा	क	◌े	क	म	य	थ	◌ा	आ	द	◌्	न
ठ	र	स	ल	उ	ए	ड	आ	आ	◌ं	ध	◌ी	य	क	त

शैवाल
नाव
डॉल्फिन
झींगा
ज्वार
लहरें
शार्क
मूंगा
केंकड़ा
जेलिफ़िश

ऑक्टोपस
सीप
चट्टान
कछुआ
स्पंज
आंधी
टूना
मछली
व्हेल
नमक

41 - Landen #2

य	ष	स	र	◌ा	◌ं	◌्	फ	स	ए	त	ल	प	इ	य
◌ू	र	◌ो	◌ू	भ	आ	ह	व	म	न	ख	◌ा	ल	◌ं	◌ू
न	च	म	स	र	उ	ल	प	◌ा	◌े	न	इ	श	ड	क
◌ा	थ	◌ा	ट	इ	क	◌ा	ठ	य	घ	ण	ब	न	◌ो	◌्
न	फ	ल	उ	श	◌ो	ओ	ढ	◌ा	व	ञ	◌े	य	न	र
ऊ	ट	◌ि	ध	ग	स	स	इ	र	ध	आ	र	◌ु	◌े	◌े
म	ग	य	◌ा	प	◌ि	य	◌ो	◌ि	थ	इ	◌ि	ग	श	न
ज	ल	◌ा	श	थ	क	ख	ब	◌ी	श	भ	य	◌ा	◌ि	म
थ	◌ा	◌े	न	उ	◌्	श	ठ	स	म	च	◌ा	◌ं	य	उ
ल	घ	प	श	क	◌े	न	◌्	य	◌ा	थ	भ	ड	◌ा	ड
◌े	घ	ण	◌ा	◌ि	म	ख	ख	ञ	ब	ध	श	◌ा	थ	श
ब	ल	फ	ह	न	य	◌ा	र	◌ि	ज	◌ी	इ	◌ा	न	ड
न	श	फ	य	च	प	◌ा	द	आ	य	र	ल	◌ै	◌ं	ड
◌ा	ड	◌े	न	म	◌ा	र	◌्	क	ऊ	ए	स	द	आ	म
न	ल	उ	इ	फ	च	ध	ठ	ञ	ष	न	थ	छ	ब	ञ

डेनमार्क
इथियोपिया
फ्रांस
यूनान
आयरलैंड
इंडोनेशिया
जापान
केन्या
लाओस
लेबनान
लाइबेरिया
मलेशिया
मेक्सिको
नेपाल
नाइजीरिया
युगांडा
यूक्रेन
रूस
सोमालिया
सीरिया

42 - Landschappen

इ	उ	ब	घ	ट	ए	द	ऊ	ढ	ढ	ज	ह	ह	व	ञ
ठ	म	प	◌ा	ढ	म	ट	त	र	द	◌ृ	◌ु	म	स	आ
ह	ध	भ	ट	म	त	ञ	ष	फ	ण	व	ठ	स	ध	ष
द	म	ठ	◌ी	त	घ	ब	इ	ल	व	◌ा	च	ण	श	ह
ऊ	◌ृ	ड	ख	व	म	उ	भ	ढ	स	ल	फ	ट	ड	थ
छ	छ	व	श	र	र	ग	◌ा	स	ए	◌ा	र	ण	ऊ	छ
भ	ण	झ	◌ी	ध	◌ू	न	भ	ख	थ	म	ग	◌ु	फ	◌ा
प	ए	◌ी	ध	प	द	त	द	द	म	◌ु	झ	ह	प	ग
श	ह	ल	ख	ष	◌ृ	◌ा	ख	◌ी	द	ख	र	◌ि	ह	◌ृ
व	घ	◌ा	म	द	य	स	◌ा	व	ल	◌ी	न	म	◌ा	ल
त	त	ख	ड	र	◌ा	◌ृ	ड	ञ	द	ष	◌ा	ख	ड	◌े
र	छ	त	प	◌़	न	ग	◌़	त	ल	र	व	◌ं	◌़	श
स	म	◌ु	द	◌ृ	र	◌ि	◌ी	ग	प	ध	र	ड	◌ी	◌ि
श	प	च	म	ए	इ	◌े	फ	त	ग	भ	छ	स	श	य
द	ठ	य	ध	उ	ए	र	◌ा	ड	◌ृ	◌ं	◌ु	ट	ञ	र

पहाड़
द्वीप
ग्लेशियर
खाड़ी
गुफा
पहाड़ी
हिमखंड
झील
दलदल
मरूद्यान
सागर
नदी
समुद्र तट
टुंड्रा
घाटी
ज्वालामुखी
झरना
रेगिस्तान
समुद्र

43 - Tuin

म	भ	ढ	ऊ	इ	च	ठ	ऊ	र	म	फ	ञ	आ	द	श
र	◌ा	ब	ख	◌ी	ल	न	◌ो	◌ं	ट	◌ा	◌्	ट	च	ड
भ	इ	त	◌ु	फ	◌ू	ल	ण	भ	ण	व	र	ठ	ण	म
ञ	घ	छ	म	श	फ	◌ि	उ	ब	इ	ड	ढ	ल	च	ब
भ	ह	त	छ	घ	ञ	प	द	ग	ष	◌़	ष	घ	ट	य
ढ	श	ष	ऊ	श	श	◌ो	त	◌ी	ड	◌ा	व	◌ा	प	त
ज	च	ब	व	ए	ऊ	म	झ	च	थ	प	ड	स	छ	आ
र	◌ं	श	छ	च	ठ	◌्	◌ू	◌ा	श	◌े	थ	व	प	घ
◌े	◌े	आ	च	त	ग	र	ल	ठ	ख	ड	ब	◌ा	ड	◌़
◌ै	ब	क	ड	ऊ	च	◌े	◌ा	ठ	य	◌़	ल	श	आ	व
ग	ल	न	य	◌ा	द	◌्	◌ो	ल	फ	ड	◌ा	ष	व	ऊ
द	थ	◌ॉ	व	य	श	ट	र	ञ	ञ	य	◌ा	ब	य	त
च	ऊ	ल	न	द	भ	श	त	आ	ढ	ब	त	ण	ञ	स
च	ग	च	उ	प	त	ष	आ	घ	ध	◌े	ठ	ए	द	ठ
उ	ठ	थ	ब	ष	ख	घ	भ	र	प	ल	प	ह	प	भ

बेंच
फूल
पेड़
फलोद्यान
गैरेज
लॉन
घास
झूला
रेक
बाड़
मातम
चट्टानों
फावड़ा
नली
बुश
छत
ट्रेम्पोलिन
बगीचा
तालाब
बेल

44 - Beroepen #2

द	च	र	श	प	श	ब	ह	◌ु	भ	◌ा	ष	◌ी	इ	च
◌ा	ि◌	फ	ि◌	न	◌ा	◌ो	ष	ह	द	ट	ख	घ	ल	ि◌
र	क	न	क	घ	ध	य	ध	च	प	ण	थ	व	स	त
◌्	ि◌	य	◌्	च	स	इ	ल	क	ड	ढ	ढ	आ	◌्	◌्
श	त	र	ष	ध	ल	ट	स	ट	र	स	ल	द	ट	र
न	◌्	ि◌	क	स	क	श	ढ	न	ज	◌्	र	स	◌्	क
ि◌	स	र	स	द	ट	ि◌	म	प	ग	ए	त	ड	र	◌ा
क	क	◌े	इ	ध	फ	ए	स	स	◌ू	◌ा	ज	◌ा	◌े	र
ण	द	ब	श	आ	र	ऊ	ए	◌ा	न	ढ	थ	द	ट	ञ
प	त	◌्	र	क	◌ा	र	ध	फ	न	न	ठ	ढ	र	च
ट	र	इ	फ	◌ो	ट	◌ो	ग	◌्	र	◌ा	फ	र	ण	ढ
इ	च	◌ा	आ	व	ि◌	ष	◌्	क	◌ा	र	क	फ	भ	ठ
स	ष	ल	ग	ऊ	ह	ग	इ	◌ं	ज	◌ी	न	ि◌	य	र
ज	◌ी	व	व	ि◌	ज	◌्	ञ	◌ा	न	◌ी	म	◌ा	ल	◌ी
द	◌ं	त	च	ि◌	क	ि◌	त	◌्	स	क	ल	छ	भ	ट

चिकित्सक
लाइब्रेरियन
जीवविज्ञानी
किसान
सर्जन
जासूस
दार्शनिक
फोटोग्राफर
इलस्ट्रेटर
इंजीनियर
पत्रकार
शिक्षक
बहुभाषी
शोधकर्ता
पायलट
चित्रकार
दंत चिकित्सक
माली
आविष्कारक

45 - Dagen en Maanden

र	व	◌ि	व	◌ा	र	घ	प	न	स	स	थ	इ	प	स
ठ	ग	द	ड	घ	च	ड	ष	ब	घ	◌ि	इ	ध	प	उ
ख	श	श	म	ह	◌ी	न	◌ा	ह	ख	अ	त	इ	ण	ज
ब	◌ु	ध	व	◌ा	र	ब	◌ं	व	न	क	म	◌ं	त	◌ू
ह	ञ	श	य	श	म	उ	ल	छ	घ	◌्	ए	ड	ब	न
त	य	उ	भ	व	श	◌ं	ब	ञ	स	ट	आ	र	म	र
◌्	ण	घ	ञ	ध	च	न	ग	थ	थ	◌ू	श	प	न	ड
स	◌ो	म	व	◌ा	र	स	◌ि	ल	थ	ब	आ	ऊ	ऊ	ल
ग	ड	द	ठ	भ	◌्	स	ग	व	व	र	म	छ	घ	◌े
अ	ल	च	श	ष	◌ा	प	द	म	◌ा	◌ा	व	ब	ग	◌ं
ज	◌ु	ल	◌ा	ई	म	◌्	र	ड	ष	र	र	◌ी	ण	◌ै
र	प	ट	छ	व	भ	त	घ	व	फ	र	व	र	◌ी	क
आ	च	च	भ	र	ण	◌ा	श	◌ु	क	◌्	र	व	◌ा	र
ठ	ए	ऊ	ड	◌्	ठ	ह	आ	ठ	ठ	ए	ढ	न	उ	ण
र	य	व	म	ष	ग	◌ु	र	◌ू	व	◌ा	र	ज	ष	स

अगस्त
मंगलवार
गुरूवार
फरवरी
वर्ष
जनवरी
जुलाई
जून
कैलेंडर
महीना
सोमवार
मार्च
नवंबर
अक्टूबर
सितंबर
शुक्रवार
सप्ताह
बुधवार
शनिवार
रविवार

46 - Mode

द	म	ब	आ	ण	प	त	ब	द	ल	◌ी	म	◌ू	◌ा	म
स	ध	र	ष	फ	◌ै	ऊ	◌ु	न	◌ू	फ	ह	न	ष	घ
त	◌ु	ड	र	त	ट	ब	ट	च	म	ऊ	◌ं	प	स	ब
ब	ग	र	र	द	र	ट	◌ी	ञ	य	ड	ग	घ	ध	ञ
न	द	◌े	◌ु	न	◌्	◌े	क	आ	ट	ई	◌ा	◌़	ढ	क
◌ा	ढ	◌ं	ढ	च	न	◌़	घ	इ	ल	म	फ	उ	इ	र
व	स	◌्	म	ह	◌ि	ड	ञ	भ	न	त	◌ा	◌ी	फ	◌ि
ट	घ	ट	त	द	म	प	श	◌ै	ल	◌ी	ब	प	ट	ह
ध	ए	ट	न	ग	श	क	◌ू	फ	ठ	◌्	ण	ट	क	◌ा
ल	घ	क	य	द	◌ा	म	◌ा	र	आ	स	य	ख	न	व
च	च	आ	◌ू	ख	घ	य	घ	य	◌्	स	म	ल	◌ि	य
ध	ष	श	◌्	द	ञ	ट	र	ल	म	ण	श	घ	◌ु	◌ा
स	र	ल	न	स	य	म	म	ट	ट	त	ञ	थ	ध	◌्
ञ	उ	श	न	छ	ट	प	प	प	छ	स	ठ	त	आ	व
ए	घ	ह	स	घ	आ	ह	ढ	ञ	ह	व	ढ	फ	घ	ट

माप
मामूली
सस्ती
कढ़ाई
आरामदायक
महंगा
सरल
सुरुचिपूर्ण
फीता
कपड़े
बटन
न्यूनतम
आधुनिक
मूल
पैटर्न
व्यावहारिक
शैली
बनावट
ट्रेंड
बुटीक

47 - Tuinieren

क	फ	ल	ो	द	्	य	ा	न	प	ष	्	ु	प	प
छ	ं	ष	ण	ग	ौ	द	ं	ग	ध	त	घ	ढ	न	प
ञ	ढ	ट	ग	फ	ल	्	र	प	त	व	्	ध	य	्
ञ	इ	ढ	े	य	न	ा	स	ष	ठ	च	च	त	ु	र
ष	च	इ	ग	न	ए	ख	ग	ए	श	ल	ल	थ	ा	ज
ल	त	आ	छ	र	र	ण	ठ	ष	ग	आ	व	उ	व	ा
व	ा	न	स	्	प	त	ि	क	ु	ऊ	आ	ट	ल	त
व	र	त	ऊ	इ	स	थ	ह	ठ	ल	ध	य	ह	ज	ि
ऊ	इ	म	ग	ढ	भ	र	ठ	व	द	ा	ख	ल	ी	य
ए	ए	ध	ौ	न	च	थ	थ	ि	स	ध	ढ	र	ब	ा
ग	म	व	उ	स	ठ	घ	ख	द	्	थ	य	द	द	ं
ञ	ढ	ल	द	ग	म	आ	ि	े	त	घ	र	उ	ञ	म
फ	ध	य	य	ड	त	ी	ल	श	ा	घ	उ	भ	ण	ण
प	त	्	त	े	ए	म	न	ी	ा	प	इ	व	ध	ब
च	भ	र	ष	छ	स	न	ा	श	ल	म	ष	आ	ल	ढ

पत्ता
पुष्प
खिलना
गुलदस्ता
फलोद्यान
वानस्पतिक
खाद
कंटेनर
खाद्य
विदेशी
पत्ते
जलवायु
मौसमी
नली
प्रजातियां
नमी
गंदगी
पानी
बीज

48 - Menselijk Lichaam

ऊ	द	र	ग	घ	ए	उ	छ	आ	ऊ	छ	छ	र	प	ढ
छ	ण	क	छ	ह	व	त	व	श	व	ब	ह	व	ण	थ
न	ष	◌्	उ	ञ	स	छ	फ	स	द	ऊ	ऊ	न	य	य
द	ल	त	ढ	च	ए	थ	ह	ड	इ	ढ	प	ष	इ	घ
◌्	◌ि	ह	ण	ढ	ख	ह	ट	घ	ए	ठ	◌ो	ड	◌़	◌ी
र	द	म	च	द	ठ	च	छ	ण	ज	ब	ड	◌़	◌ा	प
ग	ष	न	◌ा	ट	◌ु	घ	भ	ञ	ए	घ	ब	ट	इ	◌े
स	छ	व	व	ग	ड	फ	ञ	स	ऊ	ध	म	य	ञ	ट
ज	न	ट	◌्	◌ं	घ	ठ	ण	ग	◌ि	त	छ	ढ	प	ख
ठ	◌ी	ण	त	◌ा	ग	द	ड	भ	श	र	इ	इ	द	च
प	ह	भ	ड	ट	ठ	श	फ	श	ऊ	ट	थ	घ	च	ब
म	◌ो	ध	म	◌ु	◌ँ	ह	ए	ठ	ग	ऊ	ध	थ	य	घ
ऊ	क	ट	ख	न	◌े	न	भ	स	त	न	◌ा	क	आ	छ
ल	आ	य	फ	ठ	उ	ऊ	इ	ल	◌ी	ग	◌ं	उ	ग	ख
ख	इ	ख	श	ब	ढ	ढ	ह	◌ा	थ	म	क	उ	य	ल

टांग
रक्त
कोहनी
टखने
हाथ
दिल
दिमाग
सिर
त्वचा
जबड़ा

ठोड़ी
घुटना
पेट
मुँह
गर्दन
नाक
कान
कंधा
जीभ
उंगली

49 - Energie

म	ऊ	प	प	प	ऊ	छ	ठ	म	द	न	ग	इ	ग	ब
य	व	ध	ढ	◌्	र	ण	ह	ठ	◌ो	ण	उ	ल	न	◌ै
ग	ल	आ	न	ब	र	◌्	◌ा	क	उ	ट	म	◌े	◌ा	ट
ण	फ	ऊ	ऊ	इ	र	द	य	ण	ट	ल	र	क	भ	र
इ	थ	ख	ह	ग	द	र	◌ू	◌ा	व	ह	त	◌्	◌ि	◌ी
ऊ	ञ	थ	ए	ड	ण	त	र	ष	व	ड	ग	ट	क	व
म	प	न	ब	फ	◌ो	ट	◌ो	न	ण	र	ह	◌्	◌ी	इ
ह	◌ा	इ	ड	◌्	र	◌ो	ज	न	च	ल	ण	र	य	व
र	भ	◌ा	ठ	थ	फ	ह	घ	ल	ज	◌ी	ड	◌ॉ	ष	च
ग	ध	ब	थ	छ	उ	श	ग	◌ी	ठ	ज	च	न	◌्	फ
र	ञ	र	न	आ	भ	श	स	स	भ	◌ि	ए	ण	क	फ
◌्	र	ट	इ	त	इ	ड	न	◌ो	न	ब	ख	घ	अ	स
म	म	ख	छ	ड	स	घ	च	◌ै	श	ट	ई	◌ं	ध	न
◌ी	घ	ध	ड	भ	इ	ब	श	ग	य	◌ो	◌्	द	उ	ध
उ	त	◌्	क	◌्	र	म	म	◌ा	प	ख	उ	द	त	ऊ

बैटरी
गैसोलीन
ईंधन
डीजल
बिजली
इलेक्ट्रॉन
उत्क्रम-माप
फोटोन
अक्षय
उद्योग
कार्बन
मोटर
नाभिकीय
पर्यावरण
भाप
टरबाइन
प्रदूषण
गर्मी
हाइड्रोजन
हवा

50 - Familie

प	ढ	र	न	ऊ	ड	व	ढ	प	आ	च	भ	ड	न	ष
न	ञ	ह	ढ	ध	ह	घ	स	ल	◌ू	घ	य	ञ	म	छ
र	ल	य	श	ब	ड	र	स	व	स	र	ग	ञ	ब	ञ
ध	ष	ब	उ	ए	इ	ड	इ	ड	ल	घ	◌्	इ	ह	आ
र	उ	छ	श	भ	ऊ	घ	ढ	ख	छ	ठ	ख	व	न	स
ध	फ	ह	थ	ठ	ढ	ड	ह	क	च	उ	थ	◌ी	ज	उ
ड	ब	ट	ड	उ	त	प	◌ो	त	◌ा	ग	ह	◌ी	स	ठ
ऊ	ख	च	ष	घ	व	ड	श	◌ृ	◌ा	ढ	श	ब	ढ	च
म	फ	ह	र	न	ट	भ	न	◌ै	च	◌ि	न	फ	त	छ
घ	इ	न	श	स	प	त	उ	प	ए	छ	प	ट	छ	ट
ण	ण	र	ड	ज	त	◌ी	म	र	च	◌ा	च	◌ी	ग	फ
ब	च	◌्	च	◌ा	◌ि	ज	भ	◌ा	ई	म	ब	◌े	ग	ल
द	◌ा	द	◌ा	◌ी	द	◌ी	◌ा	द	ध	फ	◌ा	ब	ध	ठ
ल	उ	फ	ह	त	ब	च	◌्	च	◌े	भ	इ	◌ं	श	ध
घ	द	ढ	ह	भ	ह	द	य	य	छ	न	थ	श	ब	द

भाइ
बेटी
दादी
बचपन
बच्चा
बच्चे
पोता
पति
मां
भतीजा
भतीजी
चाचा
दादा
चाची
पिता
पैतृक
पूर्वज
बीवी
बहन

51 - Gebouwen

ठ	ए	ख	ड	श	व	ए	ए	न	व	ट	ए	फ	स	म
र	उ	ख	उ	फ	इ	न	घ	ऊ	द	ञ	ड	ञ	◌्	◌ी
◌ी	म	त	त	थ	ञ	व	व	ञ	ण	प	ब	इ	क	न
ट	य	स	◌ं	ग	◌्	र	ह	◌ा	ल	य	त	य	◌ू	◌ा
क	ड	क	◌े	ब	◌ि	न	ग	ऊ	ट	ए	ट	◌ं	ल	र
◌्	◌ि	प	स	आ	ध	ठ	ग	ब	◌ो	भ	द	थ	ब	ठ
◌ै	ट	ल	व	च	प	त	य	न	ह	◌ा	◌ि	ल	ख	◌ू
फ	◌े	ल	◌ा	श	◌ा	ग	य	◌ो	र	◌्	प	प	स	व
ए	◌्	ल	त	◌ा	प	◌्	स	अ	ट	र	म	त	◌ि	◌े
ग	स	ए	◌ा	ड	ञ	ट	र	न	न	ष	ट	फ	न	ध
उ	म	ह	◌ू	आ	थ	थ	म	ऊ	फ	थ	न	य	◌े	श
ध	न	भ	द	ढ	उ	ञ	ड	ण	ध	घ	◌ि	इ	म	◌ा
अ	प	◌ा	र	◌्	ट	म	◌े	◌ं	ट	थ	म	ए	◌ा	ल
व	◌ि	श	◌्	व	व	◌ि	द	◌्	य	◌ा	ल	य	ट	◌ा
स	◌ु	प	र	म	◌ा	र	◌्	क	◌े	ट	ख	◌े	त	र

दूतावास
अपार्टमेंट
सिनेमा
खेत
केबिन
फैक्टरी
होटल
किला
प्रयोगशाला
संग्रहालय
वेधशाला
स्कूल
खलिहान
स्टेडियम
सुपरमार्केट
तंबू
थिएटर
मीनार
विश्वविद्यालय
अस्पताल

52 - Beroepen #1

स	म	न	◌ो	व	◌ै	ज	◌्	ञ	◌ा	न	◌ि	क	ए	ट
◌ं	छ	ऊ	घ	फ	ण	प	र	क	◌ी	त	◌्	र	न	र
ग	स	◌ं	प	◌ा	द	क	◌ा	म	ब	आ	ध	र	◌ी	थ
◌ी	ख	ध	न	च	व	य	ज	प	थ	फ	ह	ख	ञ	उ
त	उ	इ	ठ	र	ध	घ	द	श	उ	ह	ण	ह	◌ा	र
क	उ	घ	य	◌ी	◌्	आ	◌ू	◌ु	न	ल	स	◌ा	ज	◌़
◌ा	प	श	ऊ	क	व	स	त	च	ह	फ	त	न	◌्	च
र	न	◌ी	ञ	◌ा	ज	◌्	व	◌ि	ल	◌ो	ग	ख	व	◌ि
ह	ल	व	फ	◌ि	ऊ	ट	ऊ	क	ल	प	ष	ऊ	◌ि	क
न	ड	थ	ए	श	च	ट	ज	◌ि	र	ह	ऊ	भ	◌ू	◌ि
ख	◌ि	ल	◌ा	ड	◌़	◌ी	◌ौ	त	फ	◌ा	ग	ल	भ	त
ढ	उ	ढ	इ	त	ए	ब	ह	◌्	ग	थ	क	स	द	◌्
ब	◌ै	◌ं	क	र	ड	स	र	स	त	म	ण	ध	न	स
भ	प	भ	ऊ	ठ	र	ल	◌ी	क	व	ख	ख	छ	ष	क
म	◌ा	न	च	◌ि	त	◌्	र	क	◌ा	र	इ	ण	ञ	औ

वकील
राजदूत
औषधकारक
खगोल विज्ञानी
खिलाड़ी
बैंकर
मानचित्रकार
नर्तकी
पशु चिकित्सक
चिकित्सक
संपादक
भूविज्ञानी
शिकारी
जौहरी
नलसाज़
संगीतकार
मनोवैज्ञानिक
नर्स

53 - Antarctica

म	द	न	म	◌ि	ह	श	स	व	◌ा	र	◌्	प	स	ञ
घ	ह	य	न	इ	ग	◌ु	◌ं	◌े	प	द	न	इ	फ	ब
ए	ल	◌ा	◌ी	र	थ	प	र	य	ण	ट	ध	ड	ए	श
ख	उ	◌ि	द	ग	उ	ध	क	ख	न	◌ि	ज	ए	ण	ब
प	ट	भ	श	◌्	घ	आ	◌्	भ	य	छ	ढ	ण	भ	उ
द	र	अ	ध	◌ो	व	य	ष	◌ू	र	आ	च	ख	ल	भ
◌्	फ	◌्	र	ब	ध	◌ी	ण	ग	त	न	प	ण	द	स
व	प	ण	य	ण	ख	क	प	◌ो	ए	व	न	◌ी	◌ा	प
◌ी	य	ठ	घ	◌ा	न	उ	र	ल	ल	प	म	ल	ब	प
प	व	ल	त	प	व	◌ी	द	◌्	य	र	◌ा	◌्	प	म
स	ढ	ऊ	फ	ग	उ	र	ण	ष	त	ल	प	च	ल	स
म	थ	ह	ग	भ	ऊ	त	ण	भ	ऊ	◌ा	◌ा	ब	फ	प
◌ू	ऊ	थ	ठ	स	ऊ	ब	◌े	न	त	ध	त	उ	ठ	र
ह	व	व	◌ै	ज	◌्	ञ	◌ा	न	◌ि	क	ड	इ	ण	ण
त	स	ल	स	◌्	थ	ल	◌ा	क	◌ृ	त	◌ि	ठ	ड	इ

बे
संरक्षण
महाद्वीप
द्वीप समूह
अभियान
भूगोल
हिमनद
बर्फ
प्रवास
खनिज
पर्यावरण
शोधकर्ता
पेंगुइन
पथरीला
प्रायद्वीप
तापमान
स्थलाकृति
पानी
वैज्ञानिक
बादल

54 - Ballet

क	◌ी	न	क	त	द	व	ञ	ठ	म	त	ध	ख	ऊ	घ
ग	ल	◌े	◌ै	ब	ऊ	र	प	श	ष	◌ी	ण	ऊ	छ	ऊ
र	◌ा	◌ा	श	इ	त	ध	◌्	ल	इ	व	ड	आ	इ	फ
ऊ	क	इ	त	इ	ब	य	प	श	श	◌्	छ	भ	न	ब
इ	य	छ	म	◌्	ग	◌ो	र	◌ौ	क	र	च	ञ	त	ऑ
उ	त	ल	व	व	म	◌ं	ण	क	च	त	न	ल	च	र
प	◌्	स	◌ू	च	क	क	श	ट	छ	◌ा	ब	ट	म	◌्
श	◌ृ	य	◌ो	◌ं	श	◌ि	प	◌े	स	◌ं	◌ा	म	य	क
र	न	ण	ख	ख	स	त	द	फ	ध	म	ध	ह	र	◌े
द	◌ि	ऊ	ठ	घ	इ	◌्	व	ठ	द	द	ल	ठ	ए	स
◌ं	स	ह	छ	च	ल	र	क	◌ा	त	ग	◌ी	◌ं	स	◌्
◌ु	◌ं	ध	र	व	ख	न	थ	त	ल	ध	◌ै	ञ	स	ट
स	ग	ण	ब	◌्	अ	भ	◌्	य	◌ा	स	श	द	आ	◌्
त	◌ी	स	ब	ऊ	स	द	र	इ	त	म	त	◌ा	ल	र
ब	त	द	आ	श	ढ	ल	व	◌ा	ह	व	◌ा	ह	◌ी	◌ा

वाहवाही
कलात्मक
बैले
नृत्यकला
संगीतकार
नर्तकियों
सूचक
इशारा
तीव्रता
संगीत
ऑर्केस्ट्रा
अभ्यास
दर्शक
रिहर्सल
ताल
सुंदर
मांसपेशियों
शैली
तकनीक
कौशल

55 - Vissen

द	श	ध	ग	आ	य	ब	ख	स	झ	ह	ढ	आ	ष	आ
ड	इ	र	ख	◌ि	इ	ब	व	◌ा	न	◌ो	◌ा	प	द	घ
छ	ध	ह	ऊ	म	ल	ए	य	ग	न	फ	ल	न	ण	छ
प	ब	ग	च	ब	ब	◌्	य	र	◌्	◌ै	ध	ष	ठ	छ
च	घ	त	द	ष	ह	घ	स	भ	◌ा	◌़	ड	ब	ज	द
र	अ	द	उ	छ	घ	छ	भ	ड	श	त	ट	ब	ध	च
ट	त	र	द	◌्	◌ु	म	स	ऊ	य	भ	◌ा	श	न	ढ
स	◌ि	थ	ञ	न	त	उ	स	य	र	च	क	◌ु	ह	द
छ	श	व	द	प	ऋ	च	ह	न	द	◌ी	र	य	त	व
म	य	ज	उ	ए	य	◌ा	इ	◌ो	स	र	◌ी	स	आ	ख
श	◌ो	न	र	च	ण	र	उ	प	क	र	ण	ल	म	ख
न	क	ल	द	थ	र	◌ा	प	◌ं	ख	ए	ह	ऊ	ण	व
ग	◌्	स	र	ट	इ	भ	ध	ह	घ	थ	श	ह	ढ	म
ऊ	त	व	छ	स	त	ख	थ	न	ठ	भ	म	च	ञ	ख
प	◌ि	ब	द	ध	ब	ढ	ए	ञ	छ	र	ढ	प	ड	न

चारा
उपकरण
नाव
तार
धैर्य
वजन
हुक
जबड़ा
गिल्स
रसोइया
टोकरी
झील
सागर
अतिशयोक्ति
नदी
ऋतु
समुद्र तट
पंख
पानी

56 - Fruit

अ	◌ं	ग	◌ू	र	◌े	ब	ठ	र	स	न	ए	थ	त	ऊ
स	च	स	◌े	ब	घ	श	ड	◌ो	क	◌ा	◌ो	व	ए	आ
उ	उ	◌े	व	त	फ	स	स	ष	थ	श	आ	ड	◌़	◌ू
ल	ल	य	र	◌ि	◌ा	न	न	च	व	प	क	◌े	ल	◌ा
◌ू	त	म	व	◌ी	◌ी	क	◌ा	छ	ब	◌ा	द	ठ	छ	फ
त	र	ब	◌ू	ज	र	ल	◌्	र	◌ू	त	ण	ट	ह	थ
◌ा	ल	ह	ट	आ	भ	ऊ	न	ण	◌ं	◌ी	च	ब	थ	य
◌़	च	प	ट	ल	स	छ	न	फ	◌ी	ग	ब	◌े	र	◌ी
फ	र	द	प	ञ	र	त	अ	ध	न	र	◌ी	इ	भ	ठ
श	न	य	त	◌ी	ढ	य	ख	◌ु	ब	◌ा	न	◌ी	ब	व
त	त	घ	ह	द	त	उ	ऊ	उ	ऊ	स	ष	र	ढ	त
ड	श	छ	घ	य	स	◌ा	आ	म	ण	च	छ	ष	ब	उ
ख	प	ह	उ	ढ	ध	य	श	न	च	प	ठ	व	ख	ह
म	ध	ख	य	द	र	भ	ध	व	ढ	ण	ञ	भ	म	ण
आ	व	त	ण	म	आ	र	न	ग	स	ण	म	घ	ठ	ञ

खुबानी
अनन्नास
सेब
एवोकाडो
केला
बेरी
नींबू
अंगूर
रसभरी
चेरी
कीवी
नारियल
आम
तरबूज
शफ़तालू
नारंगी
पपीता
नाशपाती
आड़ू
बेर

57 - Engineering

श	य	ख	ऊ	व	ट	आ	थ	ट	ल	घ	थ	द	र	न
र	प	े	प	ल	श	स	ब	ग	ध	र	प	द	व	ि
ग	ह	र	ा	ई	ड	्	य	ज	त	्	आ	ष	न	र
ह	ट	आ	म	स	ग	थ	भ	ा	ष	ष	फ	उ	ए	्
ग	श	ड	उ	ह	ण	ि	ढ	्	्	ण	म	उ	फ	म
व	ि	त	र	ण	न	र	ठ	र	क	व	ो	ड	प	ा
म	श	ी	न	ो	ा	त	आ	ऊ	अ	घ	ट	प	्	ण
त	ग	न	न	क	न	ा	च	र	ं	स	र	ड	र	श
म	ा	त	उ	ऊ	फ	ढ	म	च	ए	ख	ह	ी	ण	प
प	ञ	क	ि	द	व	ऊ	छ	न	प	घ	न	ज	ो	ष
ख	ब	ढ	त	ऊ	ल	ञ	ख	ण	य	ञ	ट	ल	द	ऊ
य	व	आ	र	ट	ष	ध	न	म	ञ	च	प	र	न	फ
श	त	ढ	य	ड	ठ	य	ड	ह	च	ब	ए	त	इ	व
च	ब	इ	र	प	त	ग	ड	ग	श	म	ए	ढ	ष	ग
ब	ख	न	म	प	घ	ऊ	भ	प	च	ड	थ	घ	घ	भ

अक्ष
गणना
गति
निर्माण
आरेख
व्यास
गहराई
डीजल
वितरण
ऊर्जा
कोण
ताकत
मशीन
माप
मोटर
स्थिरता
संरचना
तरल
प्रणोदन
घर्षण

58 - Literatuur

क	ख	े	ल	य	फ	य	ण	आ	ख	इ	श	ै	ल	ी
न	ा	ब	इ	ध	ब	ष	द	ल	म	ख	घ	र	ढ	उ
उ	द	व	ा	ं	स	त	्	र	ा	स	द	ी	ब	ए
ग	प	घ	्	य	घ	ढ	त	ड	ढ	प	ठ	र	ऊ	त
य	छ	न	ढ	य	ग	र	फ	ञ	ढ	ठ	थ	र	त	ण
छ	भ	ढ	्	च	ा	उ	ख	थ	त	ु	ल	न	ा	ढ
य	ज	ए	ण	य	न	त	ा	ि	व	क	प	ू	र	ढ
व	ी	ल	ष	स	ा	स	्	ि	क	ु	प	त	स	उ
ढ	व	आ	ल	ह	त	स	ड	म	ठ	त	ग	ल	म	र
ख	न	र	े	ब	ा	ट	र	र	क	क	ए	न	ा	ण
घ	ी	आ	श	ट	ल	ग	ध	ा	ड	उ	थ	व	न	य
न	ि	ष	्	क	र	्	ष	य	ग	द	छ	ा	त	प
ध	प	ढ	ि	फ	ड	च	फ	ब	स	ह	भ	छ	ा	ध
च	क	च	व	ा	ा	थ	क	ट	छ	श	च	ञ	ञ	घ
न	फ	व	त	ढ	ब	थ	ब	ष	व	ि	ष	य	ठ	द

समानता
विश्लेषण
किस्सा
लेखक
जीवनी
निष्कर्ष
संवाद
कथा
कविता
राय
रूपक
काव्यात्मक
तुक
ताल
उपन्यास
शैली
विषय
त्रासदी
तुलना
कथावाचक

59 - Boeken

प	फ	व	आ	व	च	स	व	म	ठ	आ	ढ	ष	द	क
घ	्	थ	ठ	स	थ	ं	ि	ह	ञ	प	फ	ल	्	थ
ग	ढ	र	ट	च	ए	द	न	ा	इ	र	ण	ग	व	ा
ए	व	फ	ा	छ	ढ	र	ो	क	द	ु	ख	द	ं	व
आ	ए	ऊ	र	स	र	्	द	ा	च	म	ष	त	द	ा
व	प	ण	द	य	ं	भ	ी	व	र	उ	व	ध	्	च
ि	ण	ठ	आ	ा	य	ग	ल	्	ि	इ	इ	ण	व	क
ष	ऊ	प	ट	्	र	ए	ि	य	त	ख	ि	ि	ल	त
्	ए	ख	ठ	न	ी	ा	ह	क	्	इ	ल	फ	ल	ा
क	ठ	ा	प	प	क	छ	च	ए	र	इ	उ	े	भ	ि
ा	ध	घ	ड	उ	क	स	ि	ह	ा	ि	त	ऐ	ख	व
र	स	घ	ण	द	क	य	ि	त	्	ह	ि	ा	स	क
श	ठ	आ	स	ं	ग	्	र	ह	प	ृ	ष	्	ठ	य
ी	ए	छ	ह	ठ	ठ	ष	ठ	ऊ	ा	आ	ठ	ग	प	भ
ल	फ	ब	ध	ऊ	ह	स	घ	घ	र	स	ठ	फ	ध	ठ

लेखक
साहसिक
पृष्ठ
संग्रह
संदर्भ
द्वंद्व
महाकाव्य
कविता
लिखित
ऐतिहासिक
विनोदी
आविष्कारशील
चरित्र
पाठक
साहित्यिक
प्रासंगिक
उपन्यास
दुखद
कहानी
कथावाचक

60 - Meer Informatie

प	ञ	फ	ध	छ	य	श	◌्	द	◌ृ	◌ि	र	प	ड	फ
ण	◌ु	क	◌ा	ल	◌्	प	न	◌ि	क	आ	ञ	◌्	इ	आ
ढ	स	स	इ	ट	इ	ढ	थ	द	श	द	म	र	◌्	भ
य	म	य	◌्	स	ह	र	भ	◌ु	ल	र	उ	◌ौ	च	ठ
ड	ग	ह	थ	त	य	ब	व	न	श	◌्	आ	द	फ	थ
द	◌ा	फ	व	◌ा	क	ग	ह	◌ि	◌ा	श	व	◌्	प	र
द	ग	य	ए	ह	र	◌े	य	य	न	ल	◌ि	य	थ	ल
न	◌ं	थ	स	र	ड	◌्	◌ं	◌ा	द	◌ो	स	◌ो	ठ	म
ल	श	ठ	घ	◌्	आ	ट	थ	ए	◌ा	क	◌्	ग	व	ञ
द	◌ा	ष	उ	ग	ट	ब	फ	व	र	ग	फ	◌ि	ढ	द
ल	क	य	भ	ध	व	◌ो	फ	इ	◌ा	ण	◌ो	क	ट	ख
प	आ	छ	छ	ट	ह	◌ो	प	ग	ञ	द	ट	◌ी	य	द
स	◌ि	न	◌े	म	◌ा	र	ल	◌ि	ठ	ष	◌ी	च	र	म
ष	क	ट	◌ि	स	◌्	र	◌ि	च	य	◌ू	◌्	फ	आ	ग
ट	फ	द	व	ब	भ	स	ण	◌ी	व	◌ा	श	◌ा	क	आ

सिनेमा
पुस्तकें
आग
काल्पनिक
डायस्टोपिया
विस्फोट
चरम
शानदार
फ्यूचरिस्टिक
भ्रम
रहस्यमय
आकाशवाणी
ग्रह
यथार्थवादी
रोबोट
परिदृश्य
आकाशगंगा
प्रौद्योगिकी
आदर्शलोक
दुनिया

61 - Regenwoud

ड	ढ	ड	फ	ए	उ	क	ट	स	आ	इ	ब	ज	त	व
ब	र	थ	श	य	श	न	◌ी	ध	म	उ	ह	◌ं	छ	◌ा
◌ा	घ	ल	प	ढ	व	ऊ	उ	ड	थ	घ	◌ा	ग	प	न
द	ए	त	ह	थ	च	य	ग	उ	◌़	ऊ	ल	ल	र	स
ल	छ	द	र	प	ड	◌ा	द	ल	ष	◌े	◌ी	द	न	◌्
ठ	न	ञ	ण	म	थ	◌ं	म	छ	ण	ए	ठ	ष	व	प
आ	ष	प	उ	त	◌्	त	र	ज	◌ी	व	◌ि	त	◌ा	त
ष	◌ी	◌्	क	प	ष	◌ि	द	च	श	ध	ड	व	य	◌ि
प	ण	र	श	छ	र	ज	आ	श	य	द	ड	◌ि	ल	क
ड	ष	क	म	य	द	◌ा	◌ु	म	स	भ	ए	व	◌्	स
घ	क	◌ृ	क	◌ु	न	र	ध	ठ	न	ल	उ	◌ि	◌ू	त
ढ	◌्	त	य	◌ा	स	◌्	व	द	◌े	श	◌ी	ध	म	ड
ष	र	◌ि	ढ	व	ई	प	आ	भ	च	ण	ध	त	य	घ
ष	◌ं	छ	ग	ल	त	य	भ	ट	प	द	इ	◌ा	घ	स
ग	स	ञ	ढ	ज	स	◌्	त	न	ध	◌ा	र	◌ी	आ	ह

उभयचर
संरक्षण
वानस्पतिक
विविधता
समुदाय
स्वदेशी
कीड़े
जंगल
जलवायु
काई
प्रकृति
उत्तरजीविता
आदर
बहाली
प्रजातियां
शरण
पक्षी
मूल्यवान
बादल
स्तनधारी

62 - Haartypes

भ	स	ल	ट	स	ब	इ	ल	घ	द	थ	ब	र	थ	स
ट	इ	ढ	ब	◌्	ध	ल	ढ	◌ुं	भ	इ	न	ख	ए	फ
प	त	ल	◌ा	व	ढ	त	ध	◌ं	ल	ब	ग	य	त	◌े
न	फ	ह	◌ं	स	द	प	ड	घ	आ	ए	◌ी	न	ख	द
म	घ	न	ल	◌्	न	ढ	य	र	ञ	ग	◌ं	ज	◌ा	उ
ब	ट	ढ	आ	थ	ऊ	र	इ	◌ा	य	आ	र	स	◌ू	ध
द	ढ	ण	ह	म	ल	भ	ख	ल	इ	क	ए	◌ा	स	आ
क	म	च	◌ा	◌ँ	द	◌ी	प	◌े	ऊ	◌ा	ह	त	◌ो	र
ऊ	र	प	ऊ	ल	ह	र	◌ा	त	◌ी	ल	ब	न	म	ग
च	न	◌्	त	प	उ	ल	ण	ख	च	◌ा	छ	ठ	ड	ष
ढ	ऊ	र	ल	स	ञ	स	य	ष	ऊ	ख	प	प	ह	ष
आ	छ	भ	◌ू	र	◌ा	ग	ण	उ	थ	प	च	य	उ	र
ख	◌ो	प	ड	◌़	◌ी	फ	ञ	ग	ग	ख	ब	ष	च	ल
म	◌ो	ट	◌ा	ए	ध	ग	म	य	ट	व	ब	ट	ण	स
ग	क	ल	छ	ल	ग	न	ढ	र	न	प	य	फ	छ	ब

गोरा
भूरा
मोटा
सूखा
पतला
रंगीन
लट
स्वस्थ
लहराती
धूसर
खोपड़ी
गंजा
कम
कर्ल
घुंघराले
लंबा
सफेद
नरम
चाँदी
काला

63 - Vaardigheden op het Werk

उ	स	भ	ख	श	व	◌ी	भ	◌ु	न	अ	व	स	अ	उ
च	◌्	भ	स	द	ञ	◌ि	उ	ऊ	म	र	ब	म	न	ख
भ	व	च	ञ	आ	भ	आ	श	न	ह	स	ध	र	◌ु	म
प	त	र	न	ध	ब	◌ं	र	◌्	प	ण	ख	◌्	क	ल
◌्	◌ं	द	ड	ञ	ल	म	ए	ए	व	ह	ट	प	◌ू	च
र	त	◌ा	छ	ब	फ	इ	ञ	म	त	स	य	◌ि	ल	च
भ	◌्	म	ड	न	स	ठ	घ	ड	उ	ल	न	त	इ	◌ौ
◌ा	र	◌े	आ	थ	◌े	◌ं	ल	च	भ	य	◌ी	◌ी	आ	क
व	ञ	म	त	न	श	त	ग	घ	ष	ण	ल	ग	य	स
◌ी	च	◌्	फ	थ	द	ग	◌ृ	ठ	फ	ध	क	न	ए	न
क	र	◌ि	श	◌्	म	◌ा	ई	त	◌ि	च	◌ू	आ	स	ञ
य	य	ज	ऊ	श	ख	ऊ	म	फ	◌्	त	◌ु	प	◌ं	उ
स	◌ा	र	च	न	◌ा	त	◌्	म	क	व	न	ष	च	थ
ढ	◌ै	भ	र	◌ो	स	◌े	म	◌ं	द	ख	अ	छ	◌ा	प
प	त	न	◌ी	◌ि	व	ड	स	ह	क	◌ा	र	◌ी	र	ह

चौकस
अनुकूलनीय
विश्वसनीय
प्रबंधन
तैयार
भरोसेमंद
करिश्माई
संचार
सहकारी
रचनात्मक
विनीत
प्रभावी
अनुभवी
संगठित
नेतृत्व
स्वतंत्र
समर्पित
जिम्मेदार
अनुकूल

64 - Stad

थ	ढ	ठ	ल	ऊ	ख	ब	छ	ब	◌े	क	र	◌ी	स	स
च	◌ि	ह	त	ह	य	ग	ण	ग	त	◌ं	य	फ	◌ं	◌ु
◌ि	फ	ए	ठ	उ	द	व	फ	म	स	◌ै	ह	ट	ग	प
ड	◌ा	ल	ट	◌ो	ह	ञ	क	◌ा	ध	ब	ल	ह	◌्	र
◌्	र	◌ा	स	र	भ	◌ो	ज	न	◌ा	ल	य	स	र	म
◌ि	◌्	व	◌्	◌ी	ए	ट	व	◌े	◌ि	य	इ	ड	ह	◌ा
य	म	◌ा	ट	ल	ट	श	त	◌ि	स	ल	ए	◌ा	◌ा	र
◌ा	◌े	ल	◌े	◌ै	घ	ड	न	स	ल	क	◌ि	ड	ल	◌्
घ	स	◌ू	ड	ग	स	◌्	क	◌ू	ल	◌ा	ठ	◌्	य	क
र	◌ी	फ	◌ि	इ	इ	इ	◌ा	ग	ख	त	घ	अ	क	◌े
ढ	ज	च	य	ञ	ब	थ	◌ु	उ	व	स	न	ई	ढ	ट
स	ब	◌ा	म	प	च	ग	द	य	आ	◌्	ध	◌ा	ए	ध
उ	उ	श	◌ा	थ	ए	थ	य	ठ	इ	◌ु	ऊ	व	घ	ढ
ञ	स	प	थ	ब	य	ऊ	भ	र	ऊ	प	च	ह	ड	छ
व	◌ि	श	◌्	व	व	◌ि	द	◌्	य	◌ा	ल	य	ग	ख

फार्मेसी
बेकरी
बैंक
पुस्तकालय
सिनेमा
फूलवाला
चिड़ियाघर
गैलरी
होटल
क्लिनिक

हवाई अड्डा
बाजार
संग्रहालय
भोजनालय
स्कूल
स्टेडियम
सुपरमार्केट
थिएटर
विश्वविद्यालय
दुकान

65 - Creativiteit

आ	ग	थ	त	ड	घ	फ	प	भ	न	छ	त	थ	भ	ऊ
ब	व	ग	ा	क	म	त	्	ा	ल	क	र	ड	ा	ण
इ	ट	ि	ट	थ	य	ख	र	ञ	व	ए	ल	ध	व	न
ढ	थ	व	ष	ण	ड	ए	े	आ	फ	ण	त	ऊ	न	ज
द	द	छ	्	्	ड	ँ	र	श	थ	प	ा	न	ा	ह
न	थ	त	प	य	क	न	ण	क	ग	ध	म	ग	ओ	स
य	ध	ि	्	ढ	ञ	ा	ा	फ	ल	ल	ड	द	ं	ह
क	न	क	स	व	भ	व	र	ए	न	्	स	ग	व	ज
भ	ौ	्	ट	र	ह	ा	ब	श	आ	ढ	प	प	छ	ब
ह	न	श	्	र	द	भ	य	क	ी	ट	ा	न	ल	ो
च	व	न	ल	इ	ए	ञ	ए	आ	द	ल	छ	इ	ा	ध
त	ी	व	्	र	त	ा	द	ढ	ग	फ	भ	ग	ट	व
द	ऊ	ी	र	ह	ल	भ	फ	इ	ऊ	स	न	स	न	ी
उ	ह	ज	प	्	र	ा	म	ा	ण	ि	क	त	ा	ण
ख	म	फ	त	अ	भ	ि	व	्	य	क	्	त	ि	ग

कलात्मक
छवि
नाटकीय
प्रामाणिकता
भावनाएँ
सनसनी
भावनाओं
स्पष्टता
छाप
प्रेरणा
तीव्रता
सहज बोध
आविष्कारशील
सहज
अभिव्यक्ति
कौशल
कल्पना
दर्शन
जीवन शक्ति
तरलता

66 - Natuur

ज	◌ं	ग	ल	◌ी	ख	आ	द	व	ड	च	ऊ	न	उ	अ
श	भ	भ	ञ	भ	ध	श	र	इ	श	ड	ध	द	ष	भ
य	◌ो	◌ं	ख	◌ि	क	◌्	म	◌ु	ध	म	घ	◌ी	◌्	य
ब	◌ा	द	ल	त	◌ा	र	द	◌ं	◌ु	स	स	श	ण	◌ा
श	र	ड	त	न	ड	य	ष	व	ख	ब	ह	म	क	र
र	◌े	ग	◌ि	स	◌्	त	◌ा	न	ऊ	ह	ल	ह	ट	ण
◌ा	च	ल	प	त	◌्	त	◌े	व	न	ल	म	त	◌ि	◌्
ह	ट	च	ध	ग	◌्	ल	◌े	श	◌ि	य	र	◌्	ब	य
◌ो	◌्	प	क	ज	◌ा	न	व	र	◌ो	◌ं	◌्	व	◌ं	र
क	ट	घ	ड	ट	भ	घ	ख	क	ल	न	◌ि	प	ध	म
ञ	◌ा	न	ग	त	◌ि	श	◌ी	ल	ट	ञ	न	◌ू	◌ी	फ
ट	न	ए	घ	ट	ट	क	य	ग	ए	◌ा	ध	र	य	न
म	◌ो	प	ट	ख	घ	ह	◌्	ञ	द	ध	व	◌्	त	ष
इ	◌ं	घ	न	द	श	स	ठ	र	ग	घ	ष	ण	ठ	ख
ए	च	त	उ	ठ	ठ	ठ	व	छ	आ	त	ढ	घ	ख	द

आर्कटिक
मधुमक्खियों
वन
जानवरों
गतिशील
कटाव
पत्ते
ग्लेशियर
अभयारण्य
चट्टानों

कोहरा
नदी
सुंदरता
आश्रय
निर्मल
उष्णकटिबंधीय
महत्वपूर्ण
जंगली
रेगिस्तान
बादल

67 - Zoogdieren

ऊ	ण	ब	ब	च	र	स	ब	ए	ल	◌ु	ब	उ	ण	घ
द	फ	क	थ	म	ट	न	ख	र	◌ो	◌ौ	ड	प	ढ	◌ो
ब	च	र	◌ू	ग	◌ा	◌ं	क	ट	म	व	ल	प	द	ड
◌ि	इ	◌ौ	न	फ	◌ि	ल	◌्	◌ॉ	ड	ट	◌्	◌्	थ	◌़
ल	श	◌े	र	ख	ज	◌ा	ष	फ	◌़	य	ट	ह	◌ि	◌ा
◌ा	भ	स	ञ	र	◌ि	ल	न	प	◌ौ	ह	ञ	त	◌े	ब
व	◌े	ञ	इ	ग	र	◌्	क	◌ो	य	◌ो	ट	◌ॅ	ऊ	ल
म	ड	ल	ह	◌ो	◌ा	र	क	◌ु	त	◌्	त	◌ा	ठ	घ
र	◌़	ण	ऊ	श	फ	◌ि	य	फ	ह	त	ट	श	थ	उ
छ	◌ि	ञ	ह	घ	◌़	◌ो	ण	ष	ग	ब	श	ट	ब	ए
थ	य	व	ए	स	ब	ग	ध	र	ध	स	◌ं	प	व	ष
ब	◌ा	स	द	ह	ऊ	श	ञ	ठ	◌ा	म	श	द	स	ट
ह	◌ा	थ	◌ौ	ढ	ड	ञ	द	र	ए	द	घ	न	र	य
ए	म	उ	ग	ष	व	छ	थ	स	ऊ	घ	ञ	ए	श	ग
म	घ	य	श	छ	न	फ	च	ष	ट	द	ब	आ	ञ	उ

बंदर
ऊदबिलाव
कोयोट
डॉल्फिन
गधा
बकरी
जिराफ़
गोरिल्ला
कुत्ता
ऊंट
कंगारू
बिल्ली
खरगोश
शेर
हाथी
घोड़ा
बुल
लोमड़ी
व्हेल
भेड़िया

68 - Overheid

र	इ	घ	ठ	ञ	स	न	ञ	स	◌्	म	◌ा	र	क	व
त	◌ा	न	◌ा	म	स	व	◌ा	ग	थ	ब	व	त	ड	ष
◌्	न	ष	ऊ	ट	व	ह	द	ग	त	क	थ	◌ा	ठ	उ
त	◌्	ए	◌्	व	स	ष	न	ठ	र	य	ग	र	भ	क
◌ं	य	घ	म	ट	ए	ट	च	◌े	ऊ	◌ि	ध	त	◌ा	◌ा
क	◌ा	ख	त	भ	◌्	फ	प	घ	त	य	क	◌्	ष	न
◌ो	य	ष	ल	ध	ए	र	न	ढ	ण	◌ा	त	त	ण	◌ू
ल	ज	स	◌ि	व	◌ि	ल	◌ी	र	न	◌्	◌ी	◌ं	◌ा	न
◌ा	◌्	आ	श	आ	य	घ	र	य	न	न	र	व	ड	ए
◌ि	◌ा	ए	ग	च	ल	व	ट	र	ध	आ	◌्	◌्	फ	ण
ज	र	ठ	ण	ठ	च	र	◌्	च	◌ा	ठ	प	स	त	उ
ऊ	स	व	ध	ह	भ	ड	ष	ख	व	ध	ध	घ	आ	इ
फ	इ	ठ	ड	ञ	ह	ड	◌्	त	◌ि	न	◌ी	ज	◌ा	र
भ	श	र	ष	फ	फ	ह	◌ा	र	◌ं	प	घ	थ	ट	र
अ	ध	◌ि	क	◌ा	र	ठ	र	य	स	ए	ट	ष	फ	ध

नागरिकता
सिविल
लोकतंत्र
चर्चा
समानता
न्यायिक
न्याय
संविधान
नेता
स्मारक
राष्ट्र
राष्ट्रीय
राजनीति
अधिकार
राज्य
प्रतीक
भाषण
स्वतंत्रता
कानून
जिला

69 - Voertuigen

व	म	ट	क	◌े	◌ॉ	र	◌ा	क	ठ	द	व	आ	च	म
ह	◌ि	ब	◌्	म	ध	ए	घ	उ	द	ण	थ	ल	ब	स
◌े	प	म	ग	र	◌्	म	◌ा	त	ग	म	◌ि	◌ू	भ	ए
ल	न	ध	◌ा	र	◌ै	च	न	◌ौ	क	◌ा	ब	ल	थ	ब
◌ो	ड	स	ट	न	◌ो	क	स	ञ	व	ष	◌े	छ	ट	थ
क	◌ु	ग	फ	र	म	ग	◌्	ह	◌ा	प	ड	ल	ट	ऊ
◌ॉ	ब	म	र	◌े	ड	श	◌ी	ट	◌ं	ष	◌़	क	◌्	फ
प	◌्	◌ो	छ	◌्	ए	ण	आ	व	र	फ	◌ा	◌ि	र	ख
◌्	ब	ट	घ	ट	ड	स	ठ	◌ा	◌ा	ष	व	इ	क	ऊ
ट	◌ी	र	य	य	ठ	ष	ऊ	न	क	ह	ट	◌ा	य	र
र	ट	क	◌ू	◌्	स	म	ह	त	ञ	न	न	स	थ	च
ख	ऊ	छ	ए	ग	ण	ण	द	आ	ख	फ	ठ	उ	व	ह
थ	ट	ढ	ग	म	ब	श	र	ञ	ध	छ	ल	त	ल	ह
ट	◌ै	क	◌्	स	◌ी	छ	इ	ठ	श	ड	ब	छ	न	स
व	ञ	फ	श	ए	भ	ञ	त	ठ	ष	स	उ	श	ल	ढ

रोगी वाहन
कार
टायर
नाव
बस
कारवां
साइकिल
हेलीकॉप्टर
भूमिगत मार्ग
मोटर
पनडुब्बी
रॉकेट
स्कूटर
टैक्सी
ट्रैक्टर
ट्रेन
नौका
विमान
बेड़ा
ट्रक

70 - Geografie

ग	त	थ	भ	छ	य	ब	स	च	न	उ	व	फ	घ	क
◌ो	ड	इ	ञ	◌ू	ड	◌़	◌ा	ह	प	आ	फ	उ	ड	◌्
ल	द	घ	य	ञ	म	द	ग	द	◌्	व	◌ी	प	ठ	ष
◌ा	ढ	◌े	य	ह	च	ध	र	थ	म	व	ब	ध	ख	◌े
र	ट	त	श	प	◌ि	घ	◌्	इ	थ	ढ	उ	ठ	ख	त
◌्	ख	ण	ष	◌ि	◌्	क	द	य	◌ा	न	◌ि	◌ु	द	◌्
ध	ख	ग	◌ा	ढ	श	ष	त	म	र	त	◌्	त	उ	र
भ	ठ	ग	◌ं	ऊ	प	प	स	ह	य	◌े	ए	ट	ल	स
द	त	ण	◌्	ग	ऊ	श	ऊ	◌ा	ढ	आ	ख	ख	प	घ
ढ	ढ	ष	क	ठ	भ	द	ध	द	ह	द	त	◌ा	य	आ
ण	भ	ठ	अ	ख	न	ब	र	◌्	स	म	◌ु	द	◌्	र
म	ध	◌्	य	◌ा	ह	◌्	न	व	ध	ढ	श	स	घ	भ
ऊ	◌ं	च	◌ा	ई	थ	थ	स	◌ी	द	न	य	ह	ए	घ
न	क	◌्	श	◌ा	ठ	ञ	स	प	ण	ध	छ	त	र	ञ
न	ख	च	ड	ठ	ब	ढ	र	न	र	ख	ब	छ	ड	ट

एटलस
पहाड़
अक्षांश
महाद्वीप
द्वीप
भूमध्य रेखा
गोलार्ध
ऊंचाई
नक्शा
देश
मध्याह्न
उत्तर
सागर
क्षेत्र
नदी
शहर
दुनिया
पश्चिम
समुद्र
दक्षिण

71 - Kunstbenodigdheden

र	क	श	ऊ	इ	ल	ब	प	र	ग	द	घ	ह	र	प
च	ग	◌ै	ए	ष	ह	◌्	र	◌े	उ	प	ध	ब	प	क
न	ड	घ	म	ण	ण	र	ब	इ	स	न	थ	ट	◌ा	◌ा
◌ा	प	व	ठ	र	छ	श	ड	ट	ए	◌्	ध	र	न	ग
त	ण	घ	ण	ण	◌ा	ल	◌़	च	स	ठ	ट	ऊ	◌ी	ज
◌्	घ	ब	द	ख	आ	ध	उ	ि◌	◌्	छ	◌ं	ल	◌े	त
म	ट	◌ै	ब	ल	स	र	य	त	य	ऊ	◌े	स	न	ह
क	ल	ि◌	र	ि◌	◌्	क	ए	◌्	◌ा	ल	प	ि◌	ग	ऊ
त	म	उ	र	ष	इ	उ	व	र	ह	व	ग	◌ं	र	व
◌ा	भ	फ	ष	ठ	फ	ग	क	फ	◌ी	श	◌ं	◌े	ट	ि◌
म	ि◌	ट	◌्	ट	◌ी	◌ो	◌ु	ल	च	ठ	र	प	ए	च
म	ल	ण	म	ल	ढ	◌ं	र	क	स	ल	ल	च	ए	◌ा
ऊ	थ	आ	आ	घ	भ	द	◌्	ब	ब	उ	ज	ल	र	र
ष	ख	प	ण	द	ऊ	ह	स	ध	भ	ध	इ	श	आ	◌ो
ए	भ	ल	ग	द	द	व	◌ी	द	ब	ड	ड	ए	ञ	◌ं

एक्रेलिक
जल रंग
ब्रश
कैमरा
रचनात्मकता
चित्रफलक
रबड़
विचारों
स्याही
मिट्टी
रंग
गोंद
तेल
कागज
पेस्टल
पेंसिल
कुर्सी
टेबल
पेंट
पानी

72 - Barbecues

ट	ऊ	आ	ठ	इ	ण	ठ	भ	प	य	र	घ	र	त	प
श	द	द	ड	ष	इ	म	◌ू	र	ढ	ल	श	◌ा	ए	ह
ड	च	स	स	व	च	ट	ख	◌ि	ड	र	ए	त	द	म
स	ब	◌्	ज	◌ि	य	◌ा	◌ं	व	ग	र	म	क	◌ो	◌ि
स	इ	न	स	च	◌ा	क	◌ू	◌ा	न	ख	च	◌ा	प	र
◌ं	ल	प	◌ि	ल	न	म	क	र	व	च	ट	ख	ह	◌्
ग	र	इ	प	म	◌ा	र	ए	श	इ	ल	न	◌ा	र	च
◌ी	च	ण	◌्	न	◌ं	द	प	घ	स	प	◌ी	न	क	ऊ
त	त	व	य	ष	ट	त	छ	ध	न	श	थ	◌ा	◌ा	ह
ए	न	य	◌ा	घ	ट	म	◌्	इ	ह	ट	ल	य	भ	त
स	ष	ढ	ज	ण	फ	◌ी	◌ा	र	ब	य	ट	फ	◌ो	क
त	ए	च	◌ि	क	न	◌्	म	ट	ण	ब	फ	ल	ज	◌ा
उ	र	य	ख	ऊ	ञ	र	त	ल	र	◌ि	◌्	ग	न	◌ं
भ	ण	ढ	ञ	ड	म	ग	प	ऊ	व	स	त	स	म	ट
श	म	म	छ	ऊ	घ	ढ	भ	त	ठ	आ	स	उ	घ	◌े

रात का खाना
परिवार
फल
ग्रिल
सब्जियां
गरम
भूख
चिकन
दोपहर का भोजन
चाकू
संगीत
मिर्च
सलाद
चटनी
टमाटर
प्याज
निमंत्रण
कांटे
गर्मी
नमक

73 - Schoonheid

घ	ख	आ	ग	भ	त	व	ए	ग	च	ग	व	म	ख	ह
ध	छ	ब	भ	ड	ट	व	ब	स	घ	द	ठ	न	◌ु	स
ल	श	ग	त	त	आ	इ	उ	न	क	व	ल	स	श	ष
श	◌्	◌ं	ट	स	◌्	ल	◌ि	इ	ट	◌ा	◌्	स	ब	ए
आ	◌ै	र	इ	ब	श	व	ढ	व	◌ि	◌े	द	ऊ	◌ू	फ
ड	ढ	म	क	◌ृ	प	◌ा	च	ग	स	स	◌ो	क	श	उ
ड	ण	ष	◌्	र	क	आ	◌ी	◌ा	◌्	स	◌ं	न	ऊ	ब
श	ण	ष	ब	प	ऊ	घ	◌ं	छ	प	फ	प	◌ि	ञ	स
म	◌े	क	अ	प	◌ू	श	◌ै	श	◌ि	क	◌ा	ज	ल	च
त	श	ख	स	फ	न	ख	क	भ	ल	उ	◌्	◌े	त	◌ि
स	◌ु	र	◌ु	च	◌ि	प	◌ू	र	◌्	ण	त	ट	◌े	क
ल	◌ा	ल	◌ि	त	◌्	य	ठ	फ	थ	प	उ	◌ो	ल	न
ऊ	उ	आ	स	ग	ट	ब	ग	ण	ष	◌्	घ	◌ो	ठ	◌ा
ग	छ	ढ	घ	व	ण	स	छ	आ	न	र	व	फ	म	फ
इ	र	थ	ल	ड	ष	ब	न	ठ	ह	द	च	न	ष	फ

आकर्षण
सेवा
सुरुचिपूर्ण
लालित्य
फोटोजेनिक
कृपा
खुशबू
चिकना
त्वचा
रंग
कला
लिपस्टिक
काजल
तेल
उत्पादों
कैंची
शैम्पू
दर्पण
स्टाइलिस्ट
मेकअप

74 - Wetenschappelijke Discip

फ	र	ध	इ	म	न	त	श	ध	द	आ	क	इ	भ	न
ण	ष	ो	प	म	द	छ	ग	त	ऊ	छ	ा	म	ौ	ढ
घ	न	श	ब	इ	म	ठ	ड	छ	ल	य	इ	्	त	प
प	ञ	क	र	ो	व	उ	ढ	ह	भ	फ	न	य	ि	ु
भ	ा	ौ	ए	ौ	ट	ऊ	ट	ड	इ	ि	्	ू	क	र
ू	ज	र	ल	न	र	ि	ख	इ	ड	ज	स	न	व	ा
व	्	ि	ि	य	ढ	र	क	ख	ड	ि	ि	ो	ि	त
ि	व	त	इ	स	च	थ	च	्	ष	य	य	ल	ज	त
ज	ि	्	न	ा	्	व	र	न	स	ो	ो	ॉ	्	्
्	व	ं	श	र	ठ	थ	ए	ट	ा	ल	ल	ज	ञ	व
ञ	ी	ा	ट	व	च	ह	ि	घ	त	ॉ	ॉ	ी	ा	ढ
ा	ज	य	म	ी	य	थ	व	त	छ	ज	ज	प	न	ह
न	ड	थ	श	ज	ण	ञ	ए	उ	ि	ी	ी	व	भ	ष
ख	न	ि	ज	व	ि	द	्	य	ा	क	ख	र	ट	स
ख	ग	ो	ल	व	ि	ज	्	ञ	ा	न	ी	घ	स	ख

शरीर रचना
पुरातत्व
खगोल विज्ञान
जीव रसायन
जीवविज्ञान
पारिस्थितिकी
फिजियोलॉजी
भूविज्ञान
इम्यूनोलॉजी
काइन्सियोलॉजी
यांत्रिकी
खनिज विद्या
भौतिक विज्ञान
रोबोटिक्स
पोषण

75 - Bijvoeglijke Naamwoorden

य	य	न	◌ी	स	व	श	◌्	◌ि	व	उ	ह	ट	ब	ट
स	क	म	त	◌्	न	◌ा	ण	◌्	र	व	फ	ध	ढ	फ
◌ा	फ	क	म	त	◌्	◌ा	न	च	र	ह	ग	त	त	ह
ध	ड	◌ी	ञ	श	उ	न	◌ि	द	◌्	र	◌ा	ल	◌ु	ठ
◌ा	आ	न	आ	ग	ञ	त	◌ू	ब	ज	म	य	ज	र	थ
र	स	ए	क	घ	र	स	◌्	ठ	ल	ग	न	◌ि	ल	थ
ण	ग	ट	त	ड	म	◌्	ऊ	प	य	व	ध	म	भ	क
य	फ	व	◌ि	ट	द	इ	व	व	◌ा	ड	ढ	◌्	इ	ग
न	◌ा	ट	क	◌ी	य	त	प	घ	द	द	छ	म	ब	य
भ	ष	प	◌ृ	छ	घ	य	स	उ	◌ि	स	क	◌े	छ	◌ा
ष	ध	प	र	फ	श	ग	◌्	ष	र	◌्	ए	द	च	ल
ए	च	द	◌ा	व	ल	ग	च	थ	◌ा	व	ठ	◌ा	प	ऊ
घ	इ	ग	◌्	ज	◌ं	ग	ल	◌ी	ह	स	र	र	र	र
ष	द	ब	प	◌ु	प	ए	◌ि	द	प	◌्	न	उ	व	ऊ
भ	◌ू	ख	◌ा	घ	श	इ	द	उ	उ	थ	र	इ	ट	न

विश्वसनीय
उपहार दिया
वर्णनात्मक
रचनात्मक
नाटकीय
स्वस्थ
भूखा
दिलचस्प
थक गया
प्राकृतिक
नया
साधारण
उत्पादक
निद्रालु
मजबूत
गर्व
जिम्मेदार
जंगली
नमकीन
शुद्ध

76 - Kleding

र	ध	ल	स	ह	प	ध	उ	आ	ब	ष	श	ह	ण	ण
फ	◌ै	श	न	क	म	◌ी	ज	न	र	◌्	प	ए	ब	छ
ठ	ढ	द	◌े	थ	द	म	◌ो	ब	ट	द	ल	ऊ	प	ग
थ	ए	ग	त	◌ा	◌ू	ज	व	ट	व	स	ण	◌ा	इ	ध
द	ख	त	◌ा	व	न	◌े	ढ	◌ो	◌े	ब	ख	इ	उ	य
उ	ट	ट	◌्	च	ब	◌ो	ज	क	◌्	ण	ढ	ध	भ	ज
म	ब	प	स	स	प	म	आ	◌ै	स	◌्	क	र	◌्	ट
च	ट	◌ो	द	ह	◌ै	न	ण	आ	क	इ	स	ण	ध	स
ञ	ऊ	श	भ	फ	◌ं	म	च	ग	घ	◌े	ण	ड	च	प
व	उ	◌ा	ढ	ख	ट	न	छ	फ	ञ	य	ट	ढ	घ	◌ा
ठ	भ	क	ह	◌ा	र	ण	इ	छ	इ	घ	ग	उ	ए	ज
ब	◌े	ल	◌्	ट	ल	ढ	म	द	ऊ	व	घ	ह	च	◌ा
स	ठ	ख	ग	च	घ	फ	श	प	म	ध	ण	इ	त	म
स	◌ै	◌ं	ड	ल	ड	ध	ग	ण	फ	क	◌ं	ग	न	◌ा
भ	श	ञ	ण	छ	ट	ठ	द	◌ु	प	ट	◌्	ट	◌ा	व

कंगन
ब्लाउज
पैंट
दस्ताने
टोपी
कोट
जैकेट
पोशाक
हार
फैशन
पाजामा
बेल्ट
स्कर्ट
सैंडल
जूता
एप्रन
कमीज
दुपट्टा
मोजे
स्वेटर

77 - Vliegtuigen

ट	ल	आ	ग	ह	ठ	इ	ड	◌ि	ज	◌ा	इ	न	ष	न
ठ	ब	म	थ	◌ु	प	ग	त	भ	न	फ	इ	ख	च	◌ि
ह	ठ	र	प	छ	ब	ड	थ	◌ि	थ	य	घ	प	आ	र
ट	ण	ख	न	न	त	◌्	च	ब	ह	◌ु	इ	उ	ड	◌्
र	आ	ड	ड	◌े	फ	ठ	ब	प	थ	◌ा	क	ध	ई	म
ल	च	द	ग	व	प	व	न	◌ा	ण	व	स	ऊ	च	◌ा
इ	◌ं	ज	न	◌ि	क	◌्	र	◌ू	र	श	◌ि	व	◌ा	ण
आ	क	◌ा	श	ग	ष	ब	◌ी	ढ	त	◌ा	ह	ञ	◌ं	थ
ब	ठ	ञ	ड	◌े	थ	ण	त	ष	व	◌ि	◌ा	ञ	ऊ	श
व	ई	ग	ष	ट	अ	ड	◌्	य	अ	द	स	च	त	च
घ	◌ं	च	ह	ञ	श	ष	◌ा	ल	प	ण	ष	ध	र	घ
ट	ध	ष	न	व	◌ा	ड	य	च	ड	च	ड	ख	ञ	फ
र	न	ल	ड	म	◌ं	य	◌ु	◌ा	व	ध	ध	न	ण	थ
ञ	भ	र	उ	थ	त	ह	◌ा	इ	ड	◌्	र	◌ो	ज	न
न	व	ञ	र	म	◌ि	प	◌ा	य	ल	ट	ब	न	प	भ

वंश
वायुमंडल
साहसिक
गुब्बारा
क्रू
निर्माण
ईंधन
इतिहास
आकाश
ऊंचाई
अवतरण
वायु
इंजन
नेविगेट
डिजाइन
यात्री
पायलट
दिशा
अशांति
हाइड्रोजन

78 - Herbalisme

ण	ख	म	ञ	इ	ल	ड	न	ध	ष	द	ग	ग	द	स
घ	ट	ब	च	न	ए	ब	ढ	न	ञ	◌ौ	◌ो	इ	आ	◌ौ
उ	च	क	फ	◌ू	ल	उ	स	◌ि	ए	न	ट	म	श	◌ं
ह	ण	◌े	ह	च	ग	भ	स	य	र	◌ी	थ	ए	ज	फ
ष	द	स	छ	ग	च	ए	ढ	◌ा	र	ह	स	ब	प	अ
त	व	र	ड	व	◌े	◌ं	◌ै	ल	आ	ष	ट	न	य	म
◌ा	◌ा	ध	ठ	ह	ष	ऊ	द	ल	थ	छ	ब	च	ऊ	आ
त	◌्	र	ट	इ	ब	ग	◌ी	च	◌ा	आ	व	ग	फ	ठ
◌्	स	द	ग	फ	स	श	भ	आ	व	ल	फ	उ	फ	च
व	◌ी	◌ा	फ	◌ो	र	ऊ	थ	ए	प	◌ा	क	ध	य	क
ण	ल	ब	ऊ	य	न	य	◌ा	व	ज	अ	ह	द	आ	◌ु
◌ु	◌ु	◌ू	द	ण	◌ु	स	स	व	र	इ	ञ	स	म	ठ
ग	त	श	◌ि	स	स	घ	द	उ	छ	ह	ष	र	थ	र
ट	ढ	◌ु	ल	ल	ह	घ	ट	न	स	भ	ढ	य	ण	◌ा
द	इ	ख	व	र	ल	ट	त	क	व	फ	ड	ए	ञ	ग

खुशबूदार
तुलसी
फूल
पाक
दिल
तारगोन
हरा
घटक
लहसुन
धनिया
गुणवत्ता
लैवेंडर
कुठरा
अजमोद
दौनी
केसर
स्वाद
अजवायन
बगीचा
सौंफ

79 - Kracht en Zwaartekracht

ल	क	स	म	ध	य	म	द	घ	फ	ण	व	य	म	स
च	◌े	प	श	भ	उ	ड	ष	घ	ढ	आ	◌ि	◌ा	ढ	भ
च	◌ं	द	उ	प	ऊ	न	व	ध	भ	भ	स	◌ं	ख	◌ौ
ण	द	व	प	ट	ब	त	ग	ग	त	◌ि	◌्	त	उ	त
ष	◌्	क	अ	ष	य	ध	◌ु	म	म	प	त	◌्	ण	◌ि
◌्	र	ग	त	ट	द	ए	ण	ब	भ	ठ	◌ा	र	श	क
र	ष	◌ा	◌्	क	क	◌ू	ठ	फ	ए	ऊ	र	◌ि	र	व
घ	व	भ	◌ा	र	◌्	प	र	फ	ष	छ	व	क	ख	◌ि
उ	◌ा	न	ष	ऊ	ह	ल	श	◌ौ	◌ि	त	ग	◌ौ	भ	ज
ट	ब	ज	ख	◌ो	ज	◌ो	ञ	ब	न	ध	ग	व	च	◌्
द	द	व	त	◌्	क	ब	◌ं	◌ु	च	श	ऊ	ड	ए	ञ
ट	ढ	म	फ	ट	ऊ	ब	फ	ब	ख	प	श	ख	ञ	◌ा
ट	ट	ढ	फ	द	य	ञ	ष	श	ख	म	उ	घ	म	न
स	◌ा	र	◌्	व	भ	◌ौ	म	◌ि	क	ढ	त	फ	ञ	ग
स	छ	भ	ण	ठ	य	भ	ब	न	भ	द	ड	ठ	ढ	त

दूरी
अक्ष
कक्षा
केंद्र
दबाव
गतिशील
गुण
वजन
प्रभाव
चुंबकत्व
यांत्रिकी
भौतिक विज्ञान
खोज
ग्रहों
गति
समय
विस्तार
सार्वभौमिक
घर्षण

80 - Het Bedrijf

ड	ए	त	ि	ग	र	्	प	इ	ख	प	त	ख	ख	र
प	च	ध	द	य	छ	ु	ठ	ह	क	त	च	प	ल	उ
भ	द	ऊ	ष	श	व	व	झ	र	प	ा	य	ा	्	व
स	ं	भ	ा	व	न	ा	ज	ा	ब	ग	इ	ग	प	श
व	भ	ब	ध	े	ि	घ	ो	च	न	ु	त	य	ट	त
र	आ	ख	ठ	ि	भ	ख	ख	ठ	त	ण	ए	ो	ो	ड
उ	ऊ	ग	व	न	अ	ए	ि	ा	ग	व	आ	्	य	ं
व	ै	श	्	व	ि	क	म	ष	फ	त	ट	द	य	ब
र	च	न	ा	त	्	म	क	्	न	्	ढ	उ	ञ	ञ
उ	त	्	प	ा	द	ध	घ	त	ट	त	प	ख	ढ	छ
प	्	र	स	्	त	ु	त	ि	ह	ा	े	ल	घ	च
र	ा	ज	स	्	व	ञ	व	र	ण	उ	श	व	घ	श
ब	त	ढ	प	ह	प	च	ड	्	ण	ठ	े	इ	च	ए
र	ो	ज	ग	ा	र	ढ	भ	प	छ	ल	व	आ	प	त
र	आ	म	उ	ल	ष	र	घ	ए	य	ण	र	्	ि	न

निर्णय
रचनात्मक
इकाइयों
वैश्विक
उद्योग
राजस्व
अभिनव
निवेश
गुणवत्ता
वेतन
संभावना
प्रस्तुति
उत्पाद
पेशेवर
प्रतिष्ठा
जोखिम
रुझान
प्रगति
रोजगार
व्यापार

81 - Rijden

ठ	ढ	उ	म	स	य	व	ख	◌ि	ग	थ	व	ड	ठ	ठ
य	व	छ	म	◌ो	ट	र	ऊ	त	ण	ल	आ	श	स	इ
द	न	ञ	भ	ष	स	◌ै	ग	ग	र	उ	◌ी	श	इ	ए
ष	◌ा	क	◌्	र	◌ु	स	फ	त	य	◌ा	त	◌ा	◌ा	य
च	ट	श	ष	क	र	◌्	ट	उ	ग	र	ह	◌्	इ	प
उ	घ	स	स	◌े	◌ं	इ	◌ा	ल	म	◌ै	ग	क	फ	◌ै
ऊ	र	थ	थ	र	ग	फ	प	ड	◌ो	फ	र	न	र	द
य	◌्	ग	ई	स	ड	◌़	क	ल	ट	य	◌ा	◌े	घ	ल
इ	◌ु	भ	◌ं	श	स	थ	द	ए	र	उ	क	र	ज	य
श	द	घ	ध	ण	ड	र	च	ह	स	उ	र	च	ण	◌ा
ग	य	ण	न	भ	प	य	ख	आ	◌ा	र	◌े	द	द	त
ह	त	ऊ	थ	ग	श	ल	ग	भ	इ	द	◌्	ढ	च	◌्
प	◌ु	ल	◌ि	स	उ	फ	ट	ण	क	न	ब	ञ	श	र
ढ	स	ण	छ	प	ख	ए	ग	ञ	◌ि	च	ख	थ	ण	◌ी
ल	ढ	ण	ण	घ	च	ड	थ	श	ल	उ	ख	च	प	ड

कार
ईंधन
गैरेज
गैस
खतरा
नक्शा
लाइसेंस
मोटर
मोटरसाइकिल
दुर्घटना
पुलिस
ब्रेक
गति
गली
सुरंग
सुरक्षा
यातायात
पैदल यात्री
ट्रक
सड़क

82 - Wetenschap

ण	श	भ	ग	इ	छ	ण	ड	ट	द	च	य	व	प	व
च	स	भ	म	य	आ	प	द	◌े	आ	ड	य	च	उ	◌ै
थ	आ	घ	◌ौ	त	व	ष	ट	ढ	ट	भ	ठ	च	ग	ज
ज	न	ब	ड	त	ह	म	इ	ड	ल	◌ा	य	न	य	◌्
ल	आ	आ	स	इ	◌ि	घ	म	छ	य	य	क	स	◌ो	ञ
व	◌ी	ज	ऊ	फ	ट	क	न	◌ि	य	स	◌ा	◌ा	र	◌ा
◌ा	प	र	म	◌ा	ण	◌ु	व	ण	घ	ऊ	◌ी	च	◌्	न
य	छ	द	व	ख	क	ह	प	◌ि	छ	व	र	थ	प	◌ि
◌ु	प	◌्	र	क	◌ृ	त	◌ि	ख	ज	य	त	भ	न	क
ए	ञ	न	घ	अ	द	म	ग	र	◌ि	◌्	प	न	ब	ठ
न	य	न	ट	ढ	ण	ल	श	उ	न	थ	ञ	श	छ	इ
अ	व	ल	◌ो	क	न	◌ु	इ	ट	ख	त	ष	◌ा	व	न
ज	◌ी	व	◌ा	श	◌्	म	ओ	व	◌ि	क	◌ा	स	न	च
ढ	ए	भ	आ	र	ब	स	उ	◌ं	ष	ण	द	भ	ण	थ
प	◌्	र	य	◌ो	ग	श	◌ा	ल	◌ा	न	ग	ल	न	ड

परमाणु
रासायनिक
कण
विकास
प्रयोग
तथ्य
जीवाश्म
डेटा
जलवायु

प्रयोगशाला
तरीका
खनिज
अणुओं
प्रकृति
भौतिक विज्ञान
अवलोकन
जीव
वैज्ञानिक

83 - Natuurkunde

अ	र	◌ा	ज	क	त	◌ा	प	आ	ध	ए	ह	ख	ण	स
ट	त	थ	छ	◌ौ	इ	ह	ब	र	व	ए	न	द	ह	◌ा
प	◌्	न	स	र	ढ	न	ड	म	म	ल	श	उ	ड	प
ढ	◌ू	स	र	◌ि	ढ	द	ए	फ	द	◌ा	अ	स	उ	◌े
उ	स	ढ	◌ा	त	त	ढ	य	व	छ	ष	ण	ण	ञ	क
ड	ग	इ	स	◌्	ग	◌ै	स	◌े	ल	ध	क	◌ु	◌ु	◌्
ठ	त	ड	◌ा	◌ं	इ	ढ	प	ग	ञ	ढ	प	ड	व	ष
र	च	ण	य	◌ा	व	ग	त	इ	◌ं	ज	न	फ	ब	त
य	ह	भ	न	य	घ	ष	र	◌्	ग	च	भ	प	ट	◌ा
त	ट	ग	◌ि	ऊ	द	ण	फ	य	व	◌्	त	न	घ	न
व	त	◌्	क	ब	◌ं	◌ु	च	ए	र	र	इ	व	श	ब
स	◌ा	र	◌्	व	भ	◌ौ	म	◌ि	क	ऊ	ण	ब	ड	ढ
◌ा	इ	प	◌्	र	य	◌ो	ग	आ	व	◌ृ	त	◌्	त	◌ि
म	ऊ	फ	ह	म	इ	ल	◌े	क	◌्	ट	◌्	र	◌ॉ	न
ग	◌ु	र	◌ु	त	◌्	व	◌ा	क	र	◌्	ष	ण	ढ	ट

परमाणु
अराजकता
रासायनिक
कण
घनत्व
इलेक्ट्रॉन
प्रयोग
सूत्र
आवृत्ति
गैस
चुंबकत्व
मास
यांत्रिकी
अणु
इंजन
सापेक्षता
वेग
सार्वभौमिक
त्वरण
गुरुत्वाकर्षण

84 - Ethiek

आ	प	च	◌े	त	न	◌ा	द	द	ई	व	ध	ण	ट	स
उ	ग	र	उ	च	◌ि	त	र	य	म	र	◌ि	ख	इ	ए
म	व	द	◌ो	व	ग	इ	◌्	◌ा	◌ा	◌ौ	द	न	ष	ष
◌ा	छ	व	ग	प	ठ	ध	श	ल	न	ग	◌्	र	◌ी	ह
न	ढ	◌ा	आ	स	क	ह	न	◌ु	द	ख	◌ु	प	ष	त
न	इ	त	ध	न	य	◌ा	ढ	त	◌ा	व	ब	ढ	ण	व
इ	ध	◌ि	इ	भ	◌ि	य	र	◌ा	र	व	◌ा	घ	इ	ष
ल	ड	क	इ	ण	न	व	म	◌ि	◌ी	य	प	◌ा	ख	च
थ	ऊ	◌्	ल	स	ज	ध	◌ा	म	त	ढ	उ	ब	श	च
स	ह	य	◌ो	ग	◌ा	ञ	न	घ	य	◌ा	व	ञ	इ	आ
उ	थ	◌्	ल	ट	र	द	व	◌ा	थ	र	◌्	◌ा	थ	य
द	ष	व	ब	भ	ए	ए	त	◌ा	ड	◌ं	ख	अ	श	ट
य	स	ञ	ड	म	उ	ण	◌ा	ध	◌ै	र	◌्	य	प	उ
◌ा	भ	ठ	त	ञ	स	ह	न	श	◌ी	ल	त	◌ा	छ	र
इ	आ	आ	इ	थ	भ	व	उ	व	श	ब	र	र	द	य

परोपकारिता
राजनयिक
विनीत
ईमानदारी
दर्शन
धैर्य
व्यक्तिवाद
अखंडता
दया
मानवता
आशावाद
चेतना
यथार्थवाद
उचित
सहयोग
सहनशीलता
दयालुता
मान
गौरव
बुद्धि

85 - Antiek

भ	घ	त	न	य	न	◌ी	स	व	श	◌्	◌ि	व	ठ	ऊ
ड	व	ष	◌ी	ल	◌ि	प	न	द	छ	ढ	ऊ	ऊ	ण	छ
ल	स	न	ल	ऊ	व	प	◌ु	र	◌ा	न	◌ा	उ	ब	श
य	आ	र	◌ा	ट	◌े	च	अ	आ	ठ	ञ	ञ	ञ	ध	च
छ	य	ड	म	ऊ	श	य	ख	स	छ	भ	म	ऊ	य	ब
आ	ल	ट	◌ी	व	◌ा	ज	स	ण	◌ा	र	प	य	ष	ढ
म	◌्	र	ग	र	स	घ	ड	ह	ह	म	फ	द	ए	छ
ऊ	◌ू	ण	श	द	क	ग	◌ै	ल	र	◌ी	◌ा	छ	स	ठ
फ	म	र	इ	श	ल	म	च	च	ष	स	द	न	थ	न
र	प	ञ	◌्	ड	◌ा	फ	ह	व	च	ख	द	न	◌्	श
◌्	ड	ञ	उ	त	◌ा	त	◌्	व	ण	◌ु	ग	◌ी	म	य
न	थ	फ	छ	म	◌ि	ब	त	ब	त	ए	छ	ऊ	द	भ
◌ी	ष	व	घ	◌ी	व	क	◌े	क	◌्	◌ि	स	ड	ब	थ
च	ट	न	ट	क	ल	फ	ल	◌ी	◌ै	श	य	प	थ	ठ
र	द	थ	म	व	ह	ल	◌ी	◌ा	ह	ब	ठ	ञ	ख	उ

विश्वसनीय
मूर्तिकला
सजावटी
सदी
गैलरी
निवेश
मद
कला
गुणवत्ता
सरगर्म
फर्नीचर
सिक्के
असामान्य
पुराना
कीमत
बहाली
शैली
नीलामी
मूल्य

86 - Koffie

च	ञ	प	ल	स	ल	क	प	ढ	ग	ब	श	व	आ	इ
म	◌ी	ऊ	फ	ष	फ	ह	द	ग	आ	ख	न	फ	आ	ण
ध	न	न	म	प	ण	ऊ	व	ऊ	म	म	ह	घ	ल	र
ल	व	र	◌ी	◌ा	ह	ठ	◌ा	र	ढ	न	ख	ड	स	ब
स	थ	न	ग	न	अ	म	◌्	ल	◌ी	य	द	ए	ह	म
ष	◌ु	भ	आ	◌ी	ठ	ध	स	◌ा	छ	उ	◌ू	उ	प	ड
ट	छ	ब	आ	ष	ध	म	ल	◌ा	ई	य	ध	आ	य	ब
स	ठ	व	ह	फ	त	व	◌ू	क	त	ऊ	प	ट	ञ	ह
◌ु	ण	ठ	◌ु	ष	◌ा	ऊ	म	प	म	प	ष	च	व	प
ग	ह	ट	न	ञ	ध	न	उ	घ	◌ी	र	प	त	र	ल
◌ं	ण	ब	◌ा	थ	व	◌ा	◌़	ड	क	स	◌े	त	य	फ
ध	व	ट	◌ु	भ	◌ि	न	फ	◌ी	◌ै	क	य	द	त	ख
इ	इ	घ	भ	न	◌ि	◌ा	फ	ध	ठ	ऊ	ठ	ढ	ल	ए
स	ब	ग	ग	त	व	छ	ध	द	ड	च	छ	ट	ख	ख
च	आ	ञ	इ	ह	ए	छ	ट	म	ह	य	ह	श	ष	ठ

सुगंध
कप
कड़वा
कैफीन
पेय
छानना
भुना हुआ
पीस
दूध
सुबह
मूल
कीमत
मलाई
स्वाद
चीनी
विविधता
तरल
पानी
अम्लीय
काला

87 - Schaken

प	ए	घ	ह	ञ	ब	ध	न	स	य	स	ह	छ	ग	ढ
ल	ध	ष	ण	ध	फ	न	ट	म	◌ो	ख	फ	ठ	न	व
च	र	ब	ल	◌ि	द	◌ा	न	य	◌ं	ज	र	◌े	ष	◌ि
प	◌्	र	त	◌ि	य	◌ो	ग	◌ि	त	◌ा	◌ा	र	द	क
घ	छ	प	ध	◌ी	र	◌ो	◌ि	व	◌ि	◌ा	न	ण	भ	र
प	थ	ख	र	भ	◌ि	उ	घ	श	न	र	◌ी	न	छ	◌्
व	न	◌े	ध	थ	क	◌ं	अ	थ	◌ौ	न	ग	◌ी	ट	ण
ल	◌ि	ल	भ	च	◌्	ण	र	ञ	◌ु	ढ	व	त	म	ड
द	य	उ	आ	प	ष	च	ढ	स	च	घ	ष	◌ि	त	ध
ख	म	प	प	ए	◌्	क	◌ा	ल	◌ा	छ	स	ब	ड	छ
ड	◌़	◌ी	ल	◌ा	◌ि	ख	फ	स	न	ए	ऊ	ए	आ	ढ
ल	भ	उ	घ	थ	न	य	प	◌ि	◌ं	◌ै	च	स	न	ध
ट	◌ू	र	◌्	न	◌ा	म	◌े	◌ं	ट	ष	त	घ	ख	न
त	ख	ऊ	ल	ष	छ	ठ	ठ	ष	ट	ड	ऊ	घ	फ	ठ
द	स	य	ट	त	त	च	त	◌ु	र	ढ	ए	ट	म	ह

विकर्ण
चैंपियन
राजा
रानी
बलिदान
निष्क्रिय
अंक
नियम
चतुर
खेल
खिलाड़ी
रणनीति
विरोधी
समय
टूर्नामेंट
चुनौतियों
प्रतियोगिता
सफेद
काला

88 - Boerderij #1

थ	ब	ख	घ	आ	य	घ	ब	ध	ए	ध	ठ	छ	थ	ञ
ए	त	क	ड	◌ो	व	थ	◌ी	ख	◌े	त	व	व	आ	ट
श	ष	थ	र	ड	ड	ड	ज	◌ी	श	ग	ढ	इ	म	फ
ण	ण	ञ	फ	◌ी	◌ं	◌़	य	क	श	ध	आ	स	प	आ
आ	ल	ष	उ	फ	◌ु	◌ा	◌ा	◌्	ह	◌ा	थ	उ	ष	ढ
र	प	ड	ट	ष	झ	ब	ग	म	द	च	◌ि	क	न	ड
छ	उ	फ	उ	उ	म	द	ख	◌ु	न	भ	म	स	◌ी	ढ
ड	ञ	प	ख	ख	उ	ट	ब	ध	थ	घ	ल	व	◌ा	च
उ	आ	ष	ठ	र	प	इ	ब	म	श	ड	◌ी	च	प	घ
र	त	ढ	फ	घ	क	◌ौ	आ	त	ऊ	ढ	ल	श	व	उ
◌्	ह	थ	म	च	फ	ष	च	त	◌ा	त	◌्	◌ु	क	उ
व	थ	छ	ग	च	न	फ	ध	भ	ठ	ष	◌ि	◌ृ	क	ह
र	थ	भ	ञ	ठ	इ	ग	◌ा	◌़	ड	छ	ब	आ	द	य
क	ह	छ	द	व	ऊ	छ	ल	ट	उ	ब	आ	आ	ढ	ख
ण	ख	उ	च	ण	य	ग	उ	न	ध	ध	छ	च	ष	स

मधुमक्खी
गधा
बकरी
बाड़
कुत्ता
शहद
घास
बछड़ा
बिल्ली
चिकन

गाय
कौआ
झुंड
कृषि
उर्वरक
घोड़ा
चावल
खेत
पानी
बीज

89 - Huis

प	त	ड	ब	ल	प	र	स	भ	ब	क	क	्	ष	र
ज	ा	ा	व	र	द	ठ	ञ	फ	ौ	घ	ध	छ	ऊ	स
ए	ण	थ	द	च	ड	भ	ह	ह	छ	इ	ध	म	य	ो
श	प	र	द	न	ी	म	ि	च	ा	उ	ह	ख	द	ई
श	य	इ	त	ी	ण	र	ध	र	र	च	ख	थ	ी	प
ग	य	ख	न	्	प	द	ब	छ	त	ढ	द	ध	व	ु
व	र	न	ध	र	्	क	न	ा	ा	ख	ह	त	ा	स
उ	घ	फ	क	फ	र	द	आ	भ	ड	ढ	ध	व	र	्
ष	ट	ख	इ	क	द	च	त	य	़	़	इ	उ	ी	त
थ	ण	इ	उ	च	्	इ	थ	ह	ू	ी	ग	व	ा	क
ब	ग	ी	च	ा	ख	ष	फ	ढ	ा	ी	ै	ठ	ट	ा
न	म	ग	ढ	घ	ढ	भ	ल	ख	झ	स	र	श	अ	ल
ञ	व	ब	ड	छ	ट	न	ल	ध	ऊ	भ	े	न	ट	य
ख	प	ख	ग	ल	ी	च	ा	ड	इ	ऊ	ज	द	श	ह
छ	ठ	ध	र	इ	आ	ल	ण	ठ	द	ख	ख	उ	ढ	ण

झाड़
पुस्तकालय
छत
दरवाजा
बौछार
गैरेज
बाड़
कक्ष
तहखाना
रसोई
दीपक
फर्नीचर
दीवार
चिमनी
शयनकक्ष
दर्पण
गलीचा
सीढ़ी
बगीचा
अटारी

90 - Geometrie

ख	त	ञ	घ	प	स	म	ा	न	ा	ं	त	र	व	उ
क	्	र	त	ध	ा	ं	द	्	ि	स	ा	उ	क	ण
द	्	ग	ण	न	ा	़	ड	ख	स	फ	प	म	्	र
ण	श	ष	च	ष	इ	त	ण	ष	म	ध	ू	ा	र	ट
क	ष	न	ै	ण	इ	आ	च	भ	ी	घ	र	स	भ	प
ो	ो	ष	ञ	त	त	्	ृ	व	क	भ	म	य	ऊ	श
र	व	ण	र	ठ	ि	ण	उ	ण	र	भ	स	ा	ल	भ
ि	स	म	न	च	ए	ज	न	त	ण	इ	म	्	ब	ढ
्	न	च	म	च	ड	ए	ठ	ऊ	ड	भ	र	व	ह	म
त	छ	ढ	ठ	थ	ञ	य	द	ऊ	त	ञ	त	श	ग	फ
ए	आ	ट	व	इ	श	आ	य	ा	म	ट	ध	भ	ठ	ढ
स	भ	ए	घ	त	ञ	ब	ध	ख	ं	ड	ष	ए	घ	म
ऊ	ं	च	ा	ई	प	र	्	ा	उ	स	त	ह	थ	ऊ
इ	ल	च	च	ए	ध	श	ा	ऊ	ी	प	घ	ष	ब	ल
ऊ	ट	भ	ग	म	ट	आ	म	आ	ध	स	ग	ञ	ह	आ

गणना
वृत्त
वक्र
व्यास
आयाम
त्रिकोण
कोण
ऊंचाई
क्षैतिज
तर्क

सीधा
मास
माध्य
सतह
समानांतर
खंड
समरूपता
सिद्धांत
समीकरण
खड़ा

91 - Jazz

घ	व	ब	प	स	प	श	ए	भ	श	ट	ऑ	स	ड	प
क	छ	ह	थ	◌ं	छ	◌्	ज	◌़	◌ो	र	र	◌ं	क	◌्
◌ी	ल	द	भ	ग	इ	द	र	म	प	ऊ	◌्	ग	◌ा	र
न	ए	◌ा	ए	◌ी	ग	छ	ण	भ	छ	म	क	◌ी	म	त
क	ल	द	क	त	◌ी	भ	ए	न	◌ा	ध	◌े	त	च	◌ि
त	◌्	◌ी	ल	◌ा	त	ट	म	द	र	व	स	क	ल	भ
उ	ब	◌ं	ए	य	र	उ	ढ	ण	ड	ण	◌्	◌ा	◌ा	◌ा
प	म	स	आ	न	प	◌ु	र	◌ा	न	◌ा	ट	र	ऊ	छ
ब	◌्	प	स	◌ं	ग	◌ी	त	क	◌ा	र	◌्	◌ो	र	ढ
प	न	र	व	◌ा	ह	व	◌ा	ह	◌ी	थ	र	◌ं	च	घ
ब	न	प	स	आ	ल	द	ब	छ	म	व	◌ा	ध	न	ह
श	◌ै	ल	◌ी	◌ि	ग	आ	च	ग	ठ	ए	प	ल	◌ा	द
ध	व	उ	र	फ	द	श	ब	ऊ	र	व	व	ए	व	ष
ठ	ऊ	स	ट	स	न	◌्	ब	छ	ह	इ	आ	ण	ग	र
ब	ण	छ	घ	इ	श	प	ध	ड	ढ	ख	ढ	र	ग	ख

एल्बम
वाहवाही
कलाकार
प्रसिद्ध
संगीतकार
पसंदीदा
कामचलाऊ
प्रभाव
गीत
संगीतकारों
संगीत
ज़ोर
नया
ऑर्केस्ट्रा
पुराना
ताल
रचना
शैली
प्रतिभा
तकनीक

92 - Getallen

ढ	घ	प	स	ष	घ	व	ए	क	य	प	भ	आ	ष	आ
इ	भ	य	ट	ए	ऊ	ब	आ	उ	ढ	ख	ढ	आ	च	ठ
प	र	ख	ह	र	◌ा	ब	ऊ	प	ड	व	ह	घ	थ	म
भ	प	स	र	◌ा	च	◌ं	◌ा	प	◌ं	व	ड	स	ग	ट
भ	थ	न	◌ा	श	भ	घ	ड	द	ञ	द	स	इ	ल	ए
ठ	न	◌ौ	ठ	त	◌ू	ए	ग	◌ो	य	उ	◌्	त	द	ब
ए	◌ौ	◌्	अ	ऊ	छ	न	इ	ब	◌ी	स	ह	र	न	घ
थ	ध	न	द	ह	थ	श	◌्	स	त	◌्	र	ह	ह	ऊ
उ	ट	उ	ढ	उ	ण	छ	च	य	ल	भ	म	ए	छ	र
स	ए	थ	थ	व	श	फ	स	ष	त	ठ	ध	प	फ	द
ञ	न	थ	ड	ड	ट	फ	ए	त	◌ी	न	न	इ	ष	स
ञ	च	व	न	ष	र	र	ष	य	फ	ए	स	◌ो	ल	ह
ग	न	छ	न	ट	स	न	स	ख	द	प	न	छ	ग	र
म	स	ड	ढ	फ	उ	इ	ल	ड	ध	व	ब	छ	ञ	◌े
थ	इ	श	ञ	ग	च	◌ौ	द	ह	त	ल	इ	इ	ए	त

आठ
अठारह
तेरह
तीन
एक
नौ
उन्नीस
शून्य
दस
बारह

दो
बीस
चौदह
चार
पांच
पंद्रह
छह
सोलह
सात
सत्रह

93 - Boksen

र	स	◌्	स	◌ि	य	◌ो	◌ं	अ	द	ठ	ठ	व	ढ	म
◌ा	व	स	◌ू	ल	◌ी	त	ध	◌ं	ब	ढ	ऊ	त	ड	◌ु
य	ध	ष	न	ढ	न	◌ा	ल	क	◌ू	◌ा	◌़	ड	ल	ट
ग	◌ी	ऊ	ब	ए	ष	क	थ	र	ठ	य	छ	स	उ	◌्
क	र	आ	ट	छ	ए	त	◌ा	ल	ट	भ	न	ट	ल	ठ
थ	◌ो	ल	य	थ	भ	इ	ह	ग	त	द	ध	ल	ल	◌ी
श	◌ि	न	आ	म	ठ	आ	ष	व	न	र	◌ी	फ	◌े	र
क	व	प	◌े	ग	ब	◌ो	ढ	ञ	य	घ	ठ	श	ह	ध
श	◌ौ	घ	ऊ	ग	ट	त	ड	द	स	◌्	त	◌ा	न	◌े
र	ग	श	फ	आ	ध	त	श	◌़	ट	◌ी	◌ं	घ	◌ी	र
◌ी	घ	थ	ल	फ	◌ो	क	स	ट	◌ी	श	ब	द	ह	च
र	इ	ड	श	ह	ष	ञ	ऊ	ल	उ	ष	थ	य	◌ो	घ
न	ख	ऊ	इ	र	र	ठ	ट	आ	उ	ञ	ढ	ग	क	थ
न	ल	आ	श	द	थ	आ	ढ	य	ष	म	ल	ग	प	ठ
ट	भ	इ	उ	न	ध	इ	ठ	ल	र	ट	ढ	ऊ	व	य

कोहनी
फोकस
दस्ताने
वसूली
कोने
ठोड़ी
घंटी
ताकत
शरीर
अंक

रेफरी
लात
शीघ्र
विरोधी
रस्सियों
थक गया
कौशल
लड़ाकू
मुट्ठी

94 - Boerderij #2

म	ह	द	◌ू	ध	फ	प	ध	ऊ	थ	फ	य	घ	प	ऊ
म	◌े	म	न	◌ा	म	श	र	ढ	छ	ए	ट	◌ा	ट	थ
श	घ	आ	ण	र	ठ	ष	ज	◌ौ	ऊ	च	न	स	स	ब
फ	ल	◌ो	द	◌्	य	◌ा	न	श	ब	ढ	आ	क	ब	छ
न	थ	प	छ	ञ	ठ	ण	ग	म	फ	प	र	◌ा	◌्	ब
छ	स	आ	द	ह	थ	य	छ	क	ऊ	ण	न	म	ज	च
ल	ए	श	र	आ	ठ	ढ	भ	ई	इ	फ	न	◌ै	◌ी	ल
त	ऊ	थ	ए	ह	◌ा	◌ा	व	र	च	ब	त	द	फ	न
ण	इ	च	ह	◌ु	फ	आ	स	ढ	ञ	ण	फ	◌ा	न	ल
ख	ख	न	ह	◌ा	◌ि	ल	ख	◌ि	स	ड	न	न	ल	त
द	ढ	र	◌ू	क	ए	फ	त	ख	◌ं	भ	ए	ल	◌ा	ख
फ	फ	ढ	◌	प	ञ	ए	ब	प	य	च	◌ो	ह	म	ख
ह	ड	◌़	◌े	भ	ए	र	◌ो	◌ं	व	न	◌ा	ज	◌ा	य
ष	ह	थ	ग	ट	◌्	र	◌ै	क	◌्	ट	र	ई	न	घ
क	◌ि	स	◌ा	न	न	ब	प	ष	ष	य	घ	स	ठ	ऊ

किसान
फलोद्यान
जानवरों
बतख
फल
जौ
सब्जी
चरवाहा
सिंचाई
मेमना
लामा
मकई
दूध
पका हुआ
भेड़
खलिहान
गेहूँ
ट्रैक्टर
भोजन
घास का मैदान

95 - Psychologie

ञ	व	अ	च	ि	क	ि	त	्	स	ा	स	ं	क	ट
त	्	न	इ	त	र	थ	द	ो	च	व	ध	ण	ञ	इ
ठ	य	ु	ण	स	आ	र	ए	ॅ	न	ा	व	ा	भ	व
श	व	भ	ष	ष	भ	च	ए	ठ	न	स	क	ष	त	थ
ण	ह	व	ब	व	भ	ा	र	्	प	्	न	न	ब	प
प	ा	य	र	्	घ	ि	क	भ	घ	त	ि	स	च	आ
ष	र	व	ब	य	ड	व	ा	ण	श	व	द	ड	प	म
ल	त	च	ह	क	ड	छ	ं	द	ल	ि	ा	छ	न	ू
ढ	ि	ढ	व	्	ल	ब	ह	ट	ड	क	ै	ञ	य	ल
उ	क	ष	थ	त	छ	ब	अ	स	ढ	त	न	ट	ा	्
इ	्	ए	घ	ि	ष	ख	े	आ	ं	ा	स	म	द	य
इ	य	र	ह	त	ध	फ	न	ह	भ	घ	प	ढ	े	ा
व	ु	इ	र	्	ए	ण	प	ह	ो	ण	र	ढ	ं	ं
प	ि	ट	ढ	व	ध	ण	स	प	थ	श	ए	्	द	क
अ	न	ु	भ	ू	त	ि	थ	ह	आ	म	स	त	ष	न

नियुक्ति
मूल्यांकन
बेहोश
संघर्ष
सपने
अहंकार
भावनाएँ
अनुभव
विचार
व्यवहार
सनसनी
यादें
प्रभाव
बचपन
नैदानिक
अनुभूति
व्यक्तित्व
संकट
वास्तविकता
चिकित्सा

96 - Elektriciteit

ल	◌ी	ज	◌ि	ब	घ	ट	य	श	च	आ	ऊ	त	भ	स
ष	◌े	स	स	व	◌ि	च	◌ु	◌ं	ब	क	व	◌ा	◌ं	क
ऊ	ञ	ज	य	स	ध	ज	न	य	इ	ह	भ	र	ड	◌ा
ञ	स	स	र	◌्	ऊ	ट	ल	इ	इ	द	फ	◌ो	◌ा	र
इ	ट	प	◌ी	त	न	भ	च	◌ी	न	ख	◌ी	◌ं	र	◌ा
ए	छ	ग	ट	◌ु	ज	ढ	स	ल	क	ख	ल	प	ण	त
म	व	उ	◌ै	ओ	व	र	व	ख	म	◌ा	ण	र	क	◌्
◌ा	च	द	ब	◌ं	◌ि	भ	छ	र	त	च	र	र	स	म
त	न	ज	न	क	ल	ख	ग	ह	◌्	थ	क	◌ी	प	क
◌्	◌े	ट	◌े	ल	◌ी	फ	◌ो	न	र	त	प	प	ग	ट
र	ट	क	च	इ	◌े	ण	ऊ	ल	◌ा	भ	उ	प	त	र
◌ा	व	◌े	थ	आ	ट	ह	ब	फ	◌ा	च	र	ढ	च	य
ख	र	◌ॉ	ण	फ	प	ध	ऊ	ट	क	च	ञ	ञ	ध	ष
भ	◌्	स	य	घ	ण	ख	ख	ट	न	द	ञ	ख	र	ष
ह	क	फ	उ	इ	व	ल	क	◌े	ब	ल	घ	ए	स	ञ

बैटरी
उपकरण
तारों
बिजली कारीगर
बिजली
जनक
मात्रा
केबल
दीपक
लेजर
चुंबक
नकारात्मक
नेटवर्क
वस्तुओं
भंडारण
सकारात्मक
सॉकेट
टेलीफोन
टेलीविजन

97 - Zakelijk

द	अ	क	◌ं	प	न	◌ी	छ	त	द	ष	त	प	स	क
आ	र	य	र	◌ि	◌ै	क	त	◌ू	भ	न	द	◌ै	ल	र
उ	◌्	आ	ष	ष	ञ	ग	ड	भ	ट	ठ	◌ु	स	◌ा	◌्
ड	थ	छ	इ	ब	ब	भ	इ	छ	ज	फ	क	◌ा	ग	म
न	श	द	स	ढ	न	ह	श	घ	ब	भ	◌ा	ल	त	च
त	◌ा	क	◌्	य	◌ो	◌ि	न	इ	स	ख	न	भ	र	◌ा
श	स	ब	◌ा	आ	ब	च	घ	ठ	न	◌ि	व	◌े	श	र
छ	◌्	श	◌ि	र	◌ा	द	◌्	◌ु	म	ध	ऊ	◌ं	ब	◌ी
उ	त	स	ऊ	क	◌्	न	त	ह	उ	त	ढ	◌ो	ध	प
द	◌्	ड	आ	द	◌्	य	फ	◌ै	क	◌्	ट	र	◌ी	व
न	र	य	र	ट	ख	र	◌ा	प	व	ञ	व	क	व	◌ि
ल	◌े	न	द	◌े	न	ग	◌ी	ल	न	ऊ	घ	ग	च	त
ड	ह	ल	थ	फ	आ	ड	ण	ड	य	ए	य	र	व	◌्
ऊ	ध	श	स	श	ढ	ग	र	ण	द	ध	ढ	इ	ठ	त
ड	त	श	ण	ल	ढ	घ	च	ऊ	ऊ	इ	ऊ	ढ	म	प

कंपनी
बजट
करों
कैरियर
अर्थशास्त्र
फैक्टरी
वित्त
पैसा
आय
निवेश

कार्यालय
छूट
लागत
लेन-देन
मुद्रा
बिक्री
नियोक्ता
कर्मचारी
दुकान
लाभ

98 - Voeding

द	छ	ख	उ	ण	ध	क	भ	स	घ	ञ	छ	ल	ख	स
ट	त	क	ऊ	फ	र	ड	◌ू	ग	ग	ख	ट	ग	म	◌्
ट	◌ा	ष	◌ि	व	य	◌़	ख	ब	ब	ढ	भ	म	◌ी	व
स	त	म	भ	ण	द	व	व	◌ि	ट	◌ा	म	◌ि	न	◌ा
थ	◌्	ख	य	ऊ	◌्	◌ा	ड	ध	ह	ट	ए	न	ट	द
च	व	व	ब	ल	◌ा	व	प	ण	म	ख	स	न	च	ल
ठ	ण	घ	◌ा	ढ	ख	स	न	ज	व	ह	प	न	ध	ऊ
च	◌ु	र	म	स	य	ह	◌ं	प	◌्	र	◌ो	ट	◌ी	न
र	ग	द	उ	व	◌्	श	भ	त	क	◌ै	ल	◌ो	र	◌ी
ख	ढ	इ	ध	च	त	थ	द	ध	◌ु	आ	ह	◌ा	र	ए
इ	ल	र	क	ट	◌ि	ष	◌्	◌ु	प	ल	◌े	◌ा	स	म
र	र	व	व	ऊ	व	भ	घ	य	फ	ए	◌ि	ग	फ	व
प	◌ा	च	न	ष	ए	ठ	ए	ग	घ	त	न	त	ध	ठ
ष	फ	र	ष	य	द	घ	ड	ल	च	व	ञ	ड	श	ख
त	र	ल	प	द	◌ा	र	◌्	थ	स	◌्	व	◌्	स	न

कड़वा
कैलोरी
आहार
खाद्य
भूख
प्रोटीन
संतुलित
किण्वन
वजन
स्वस्थ
स्वास्थ्य
गुणवत्ता
चटनी
स्वाद
मसाले
पाचन
विष
विटामिन
तरल पदार्थ
पुष्टिकर

99 - Chemie

क	व	म	प	उ	न	व	ध	श	व	स	ख	ष	क	ख
◌ा	ज	त	◌ी	त	त	◌ा	प	म	◌ा	न	ह	घ	◌ा	उ
र	न	ढ	श	◌्	ए	स	◌ि	ड	थ	ण	य	ट	र	च
◌्	ञ	ढ	ग	प	र	ण	व	फ	छ	ण	उ	आ	◌्	छ
ब	ए	ब	ब	◌्	ए	ग	ख	व	स	ब	ग	प	ब	छ
न	म	आ	घ	र	ए	◌ं	ज	◌ा	इ	म	ग	◌ै	न	अ
◌ि	व	न	न	◌े	श	र	ठ	ख	स	ग	आ	ड	स	ण
क	म	न	न	र	◌ॉ	ट	◌्	क	◌्	◌े	ल	इ	क	◌ु
ष	न	म	त	क	ष	ढ	ठ	य	र	◌ी	ष	◌ा	◌्	क
उ	श	ह	फ	व	थ	म	ह	स	छ	छ	ध	ठ	ल	ञ
प	ण	ग	उ	घ	श	ध	ढ	ठ	ञ	म	◌ा	त	◌ो	ख
प	◌्	र	त	◌ि	क	◌्	र	◌ि	य	◌ा	त	र	र	ठ
ह	◌ा	इ	ड	◌्	र	◌ो	ज	न	भ	उ	◌ु	ल	◌ी	ठ
प	ख	आ	भ	ऑ	क	◌्	स	◌ी	ज	न	ओ	छ	न	ठ
द	ख	ब	र	श	व	ढ	ल	ग	न	ड	◌ं	आ	ष	ञ

क्षारीय
क्लोरीन
इलेक्ट्रॉन
एंजाइम
गैस
वजन
आयन
उत्प्रेरक
कार्बन
धातुओं
अणु
कार्बनिक
प्रतिक्रिया
तापमान
तरल
गर्मी
हाइड्रोजन
नमक
एसिड
ऑक्सीजन

1 - Metingen

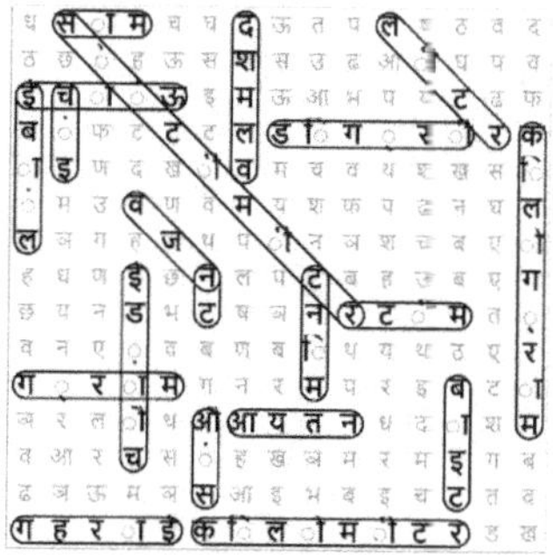

2 - Opwarming van de Aarde

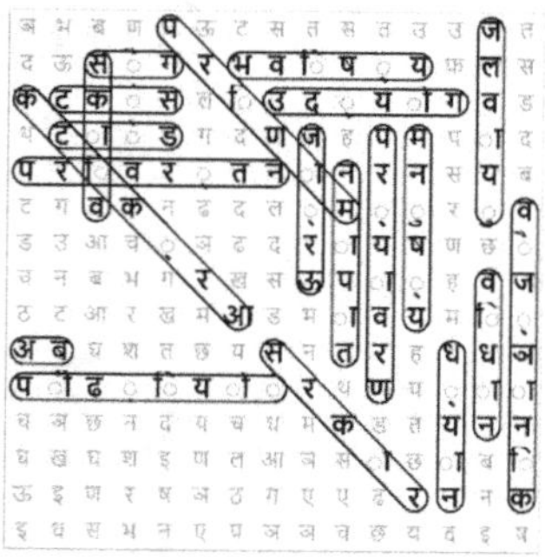

3 - Keuken

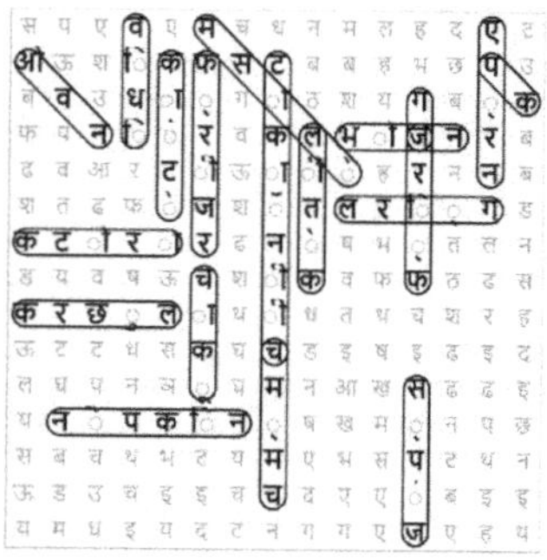

4 - Boten

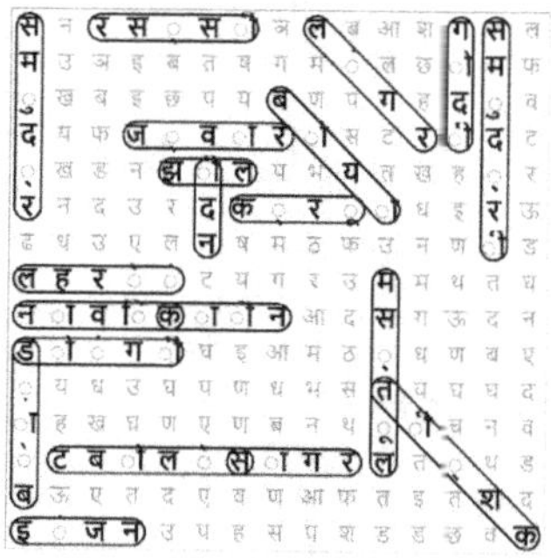

5 - Chocolade

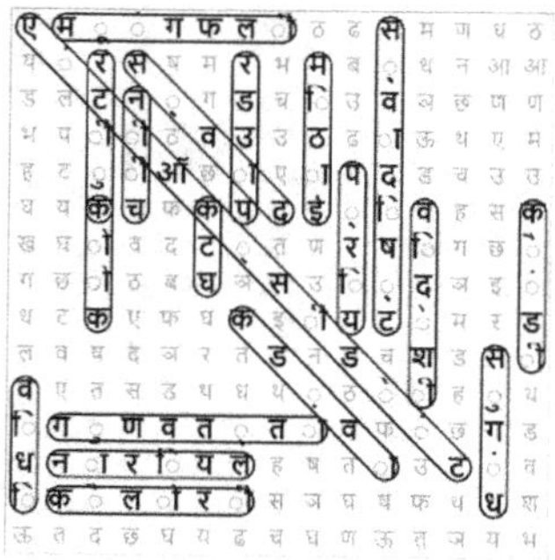

6 - Gezondheid en Welzijn #2

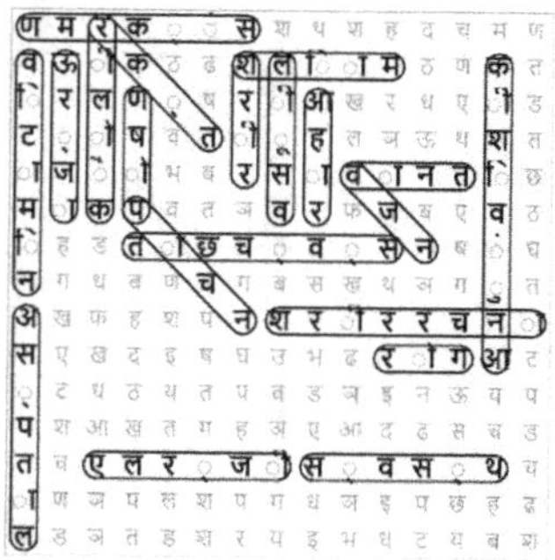

7 - Tijd

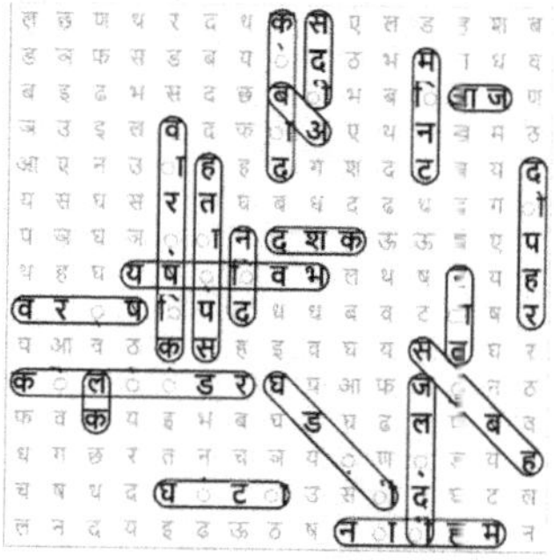

8 - Meditatie

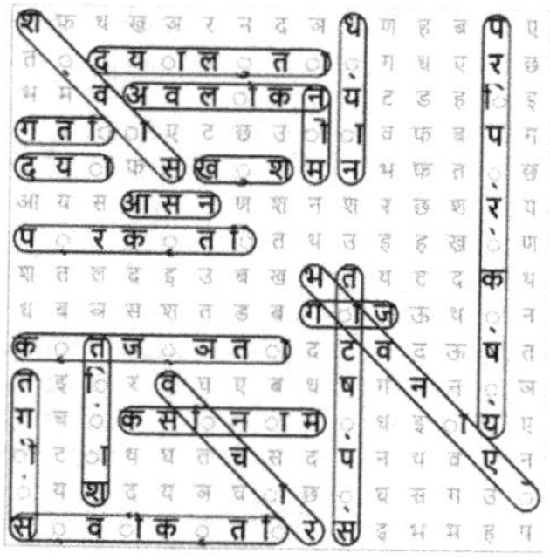

9 - Muziek

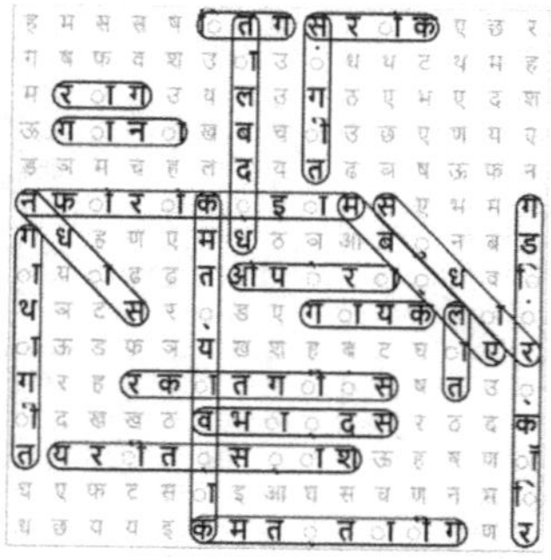

10 - Vogels

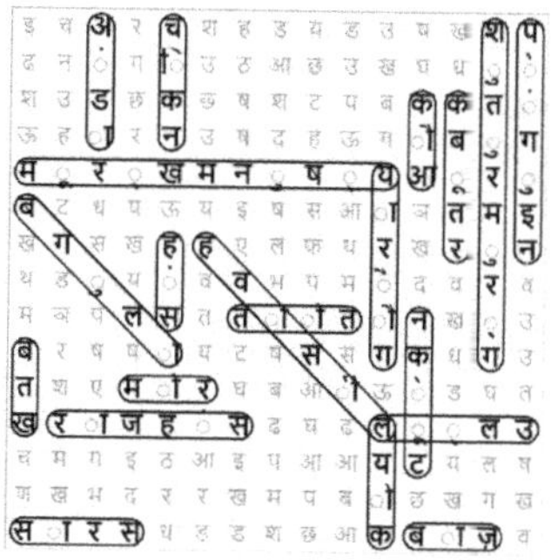

11 - Universum

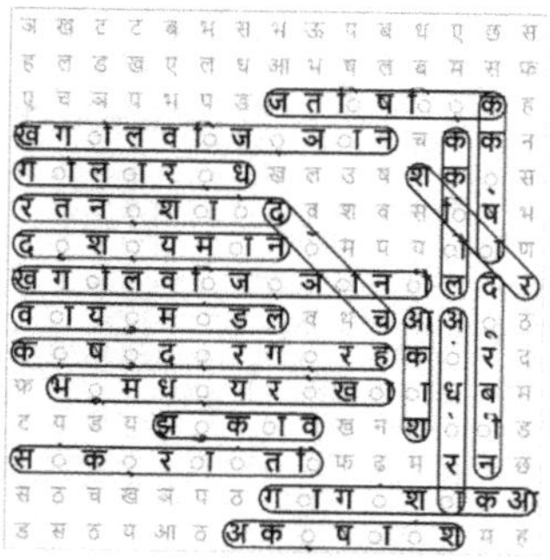

12 - Wiskunde

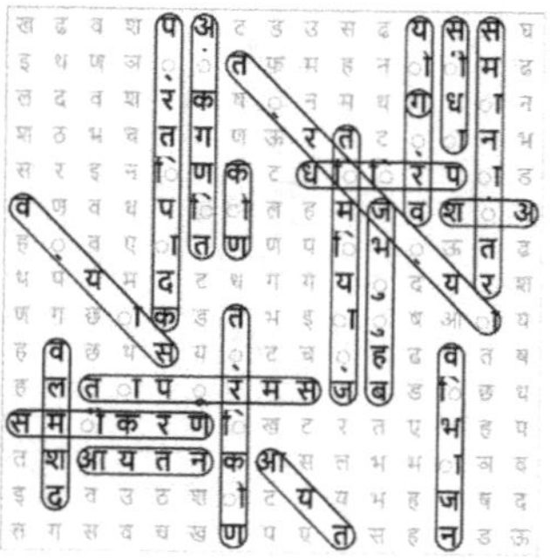

13 - Gezondheid en Welzijn #1

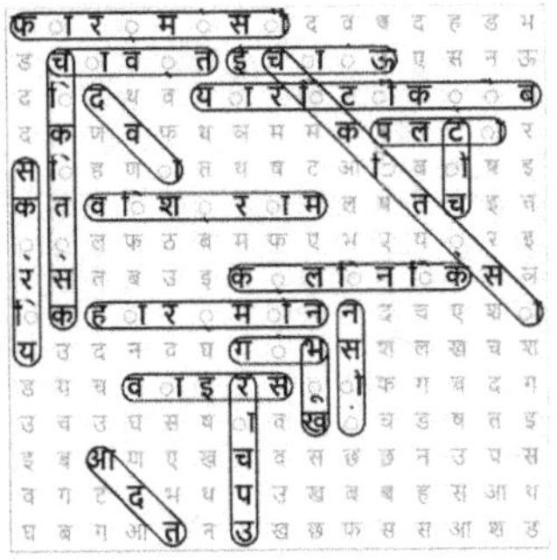

14 - Camping

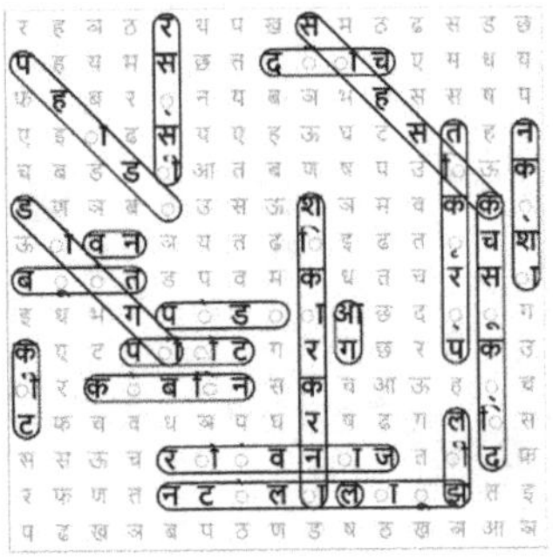

15 - Algebra

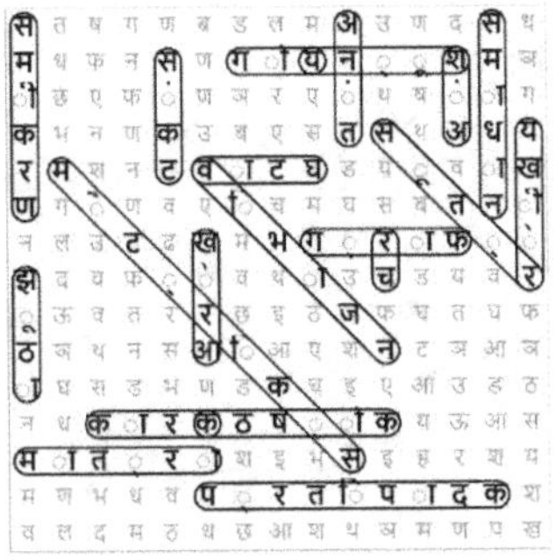

16 - Activiteiten

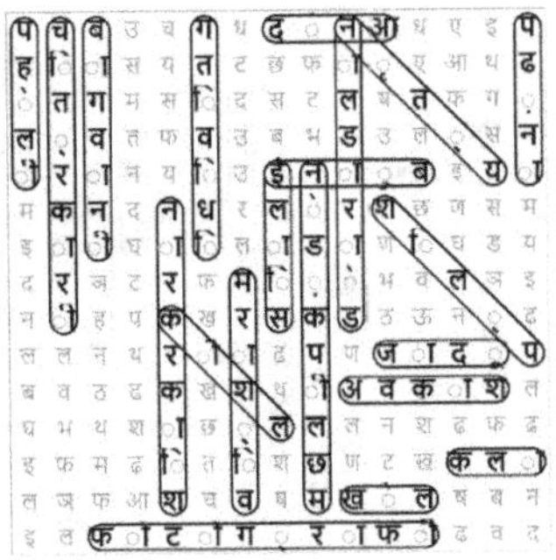

17 - Diplomatie

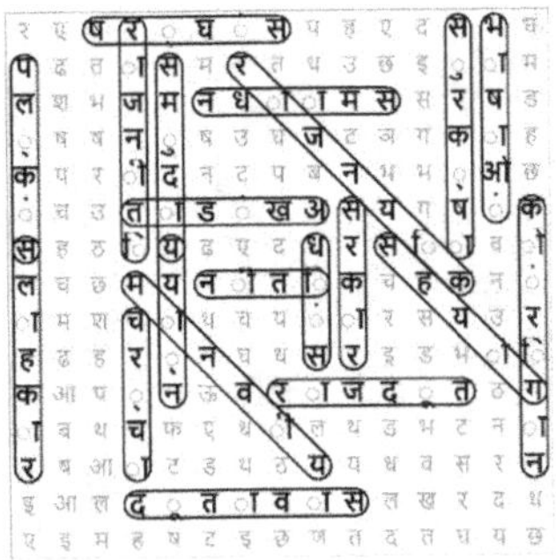

18 - Astronomie

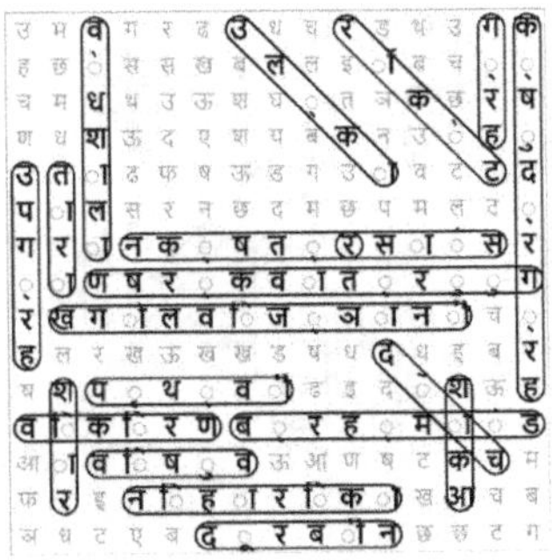

19 - Vakantie #2

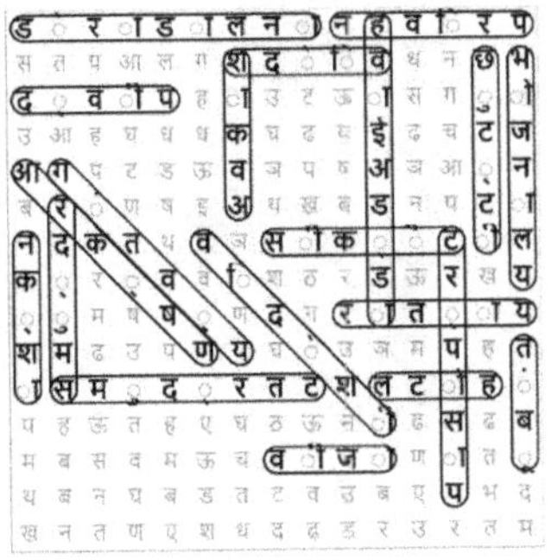

20 - Weersomstandigh

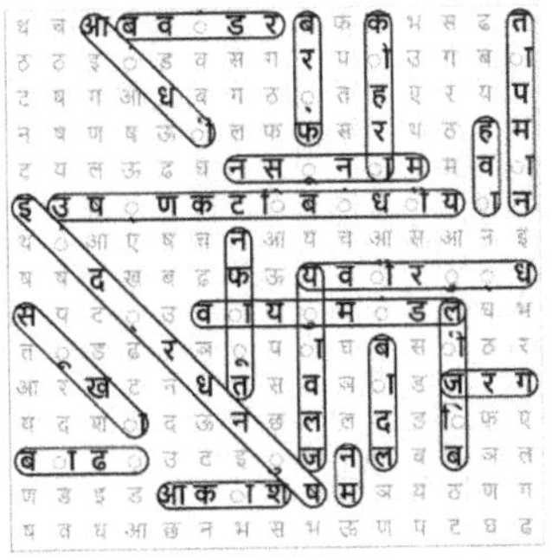

21 - Eten #2

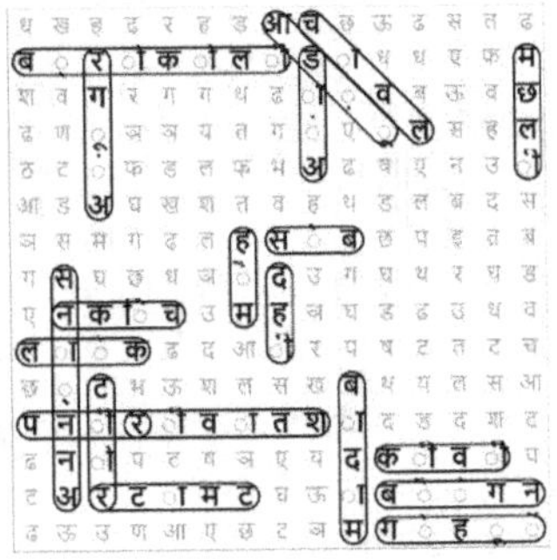

22 - Geologie

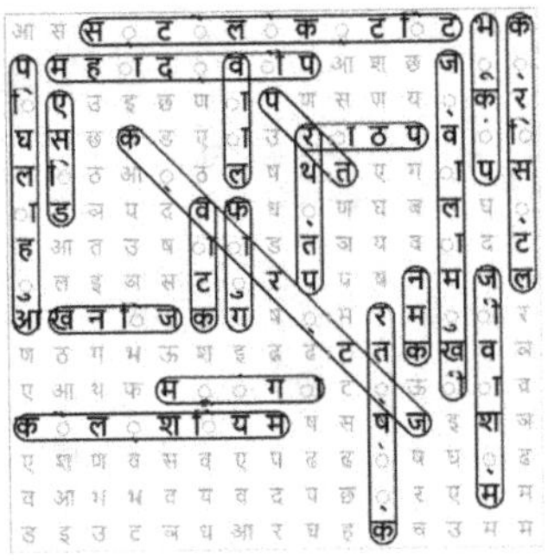

23 - Specerijen

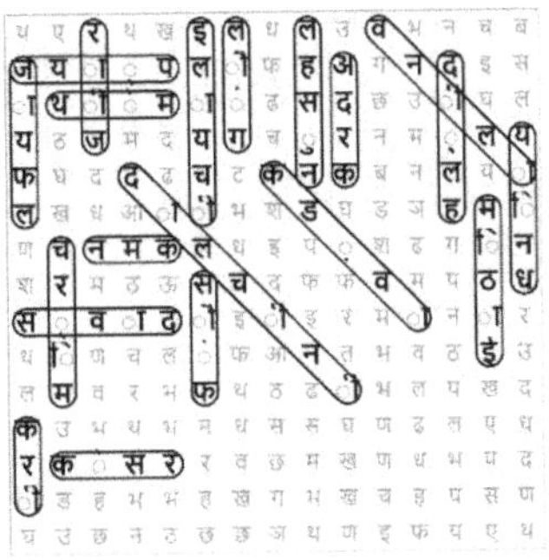

24 - Groenten

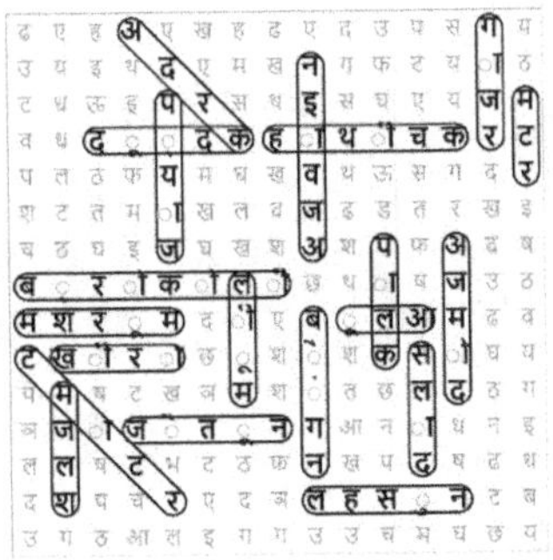

25 - Archeologie

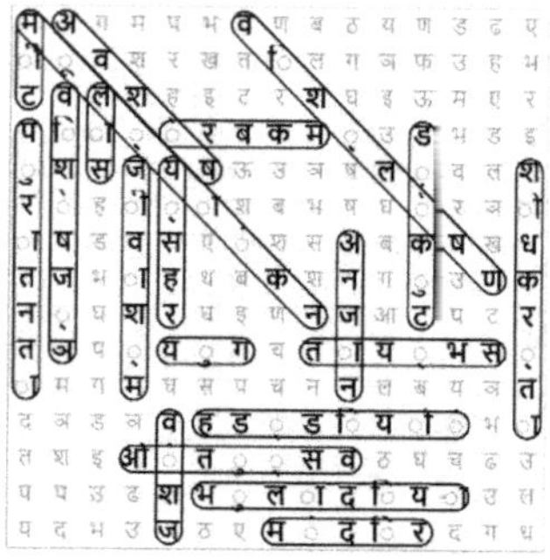

26 - Dans

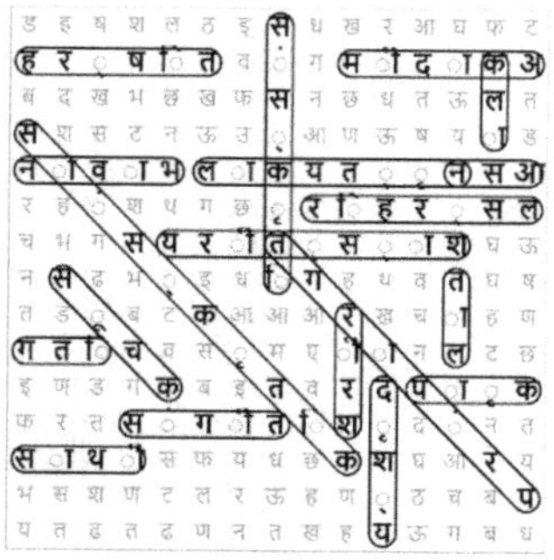

27 - Ziekte

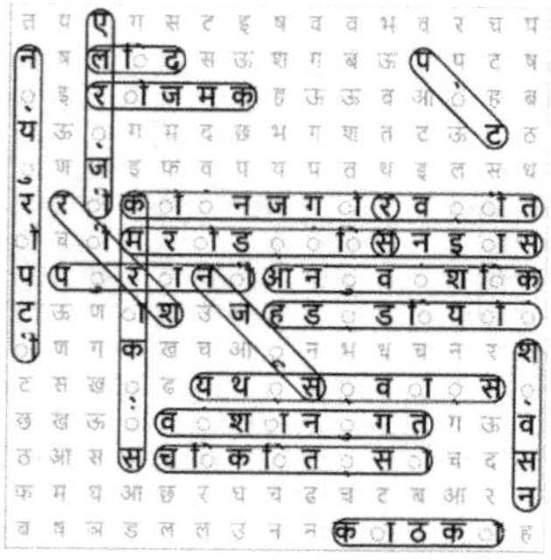

28 - Immigratie

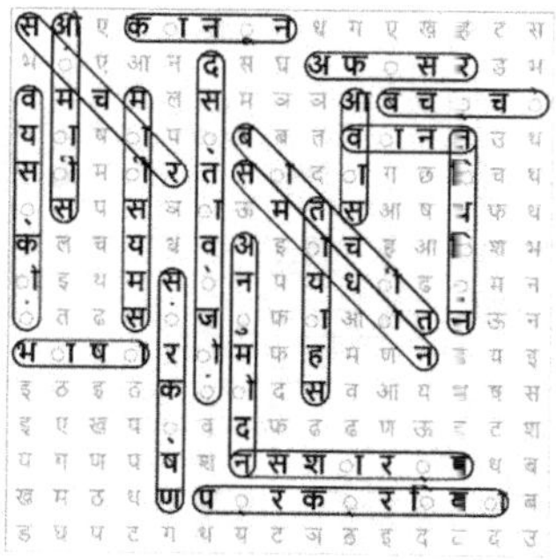

29 - Mythologie

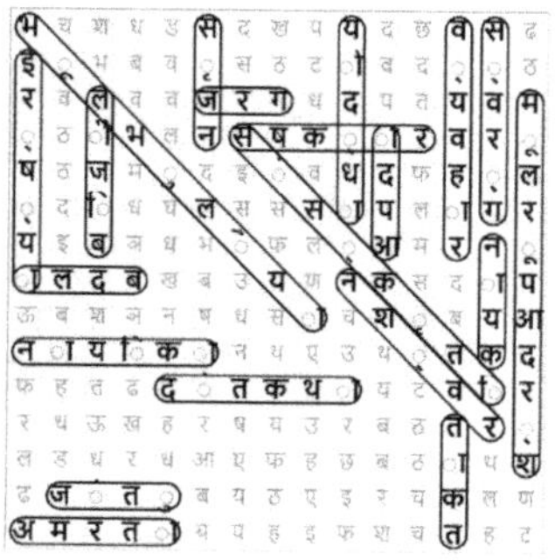

30 - Eten #1

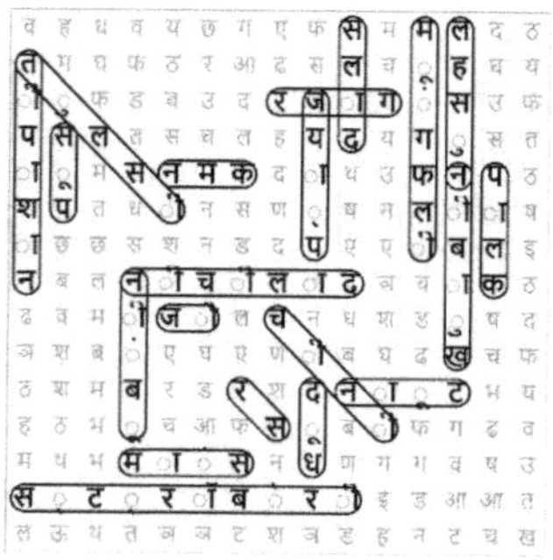

31 - Avontuur

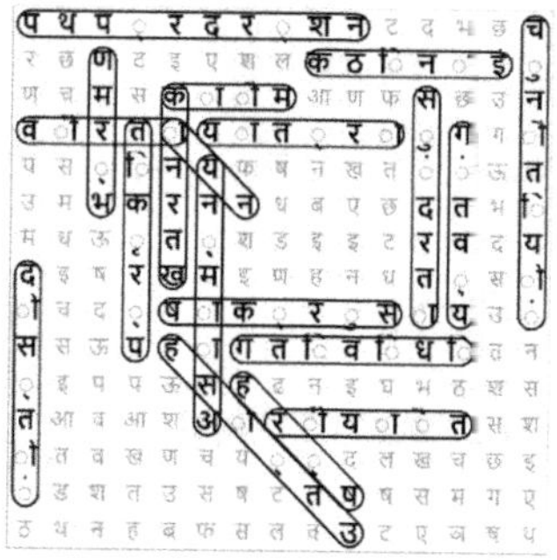

32 - Restaurant #2

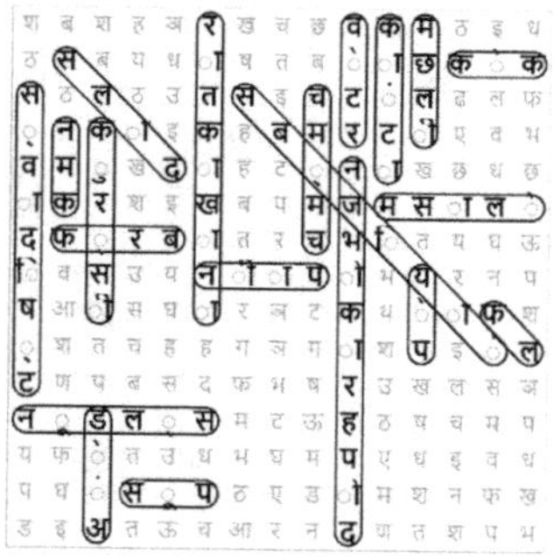

33 - De Media

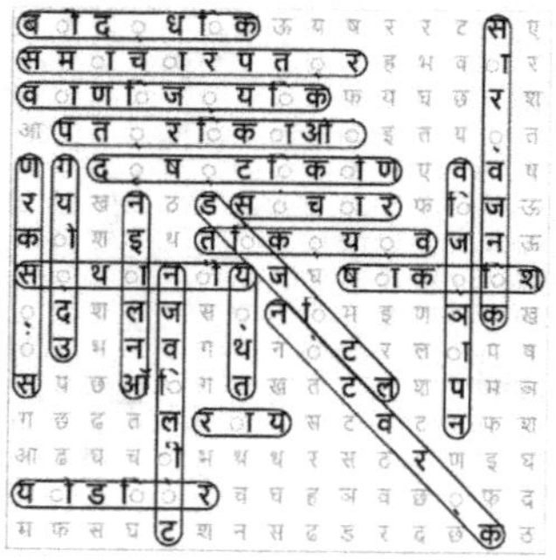

34 - Bijen

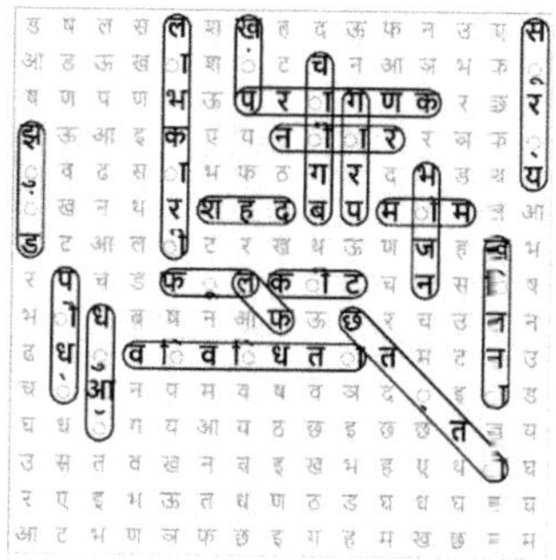

35 - Wandelen

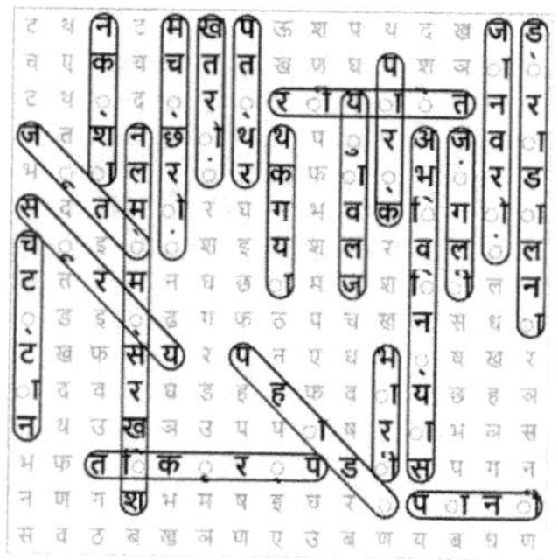

36 - Biologie

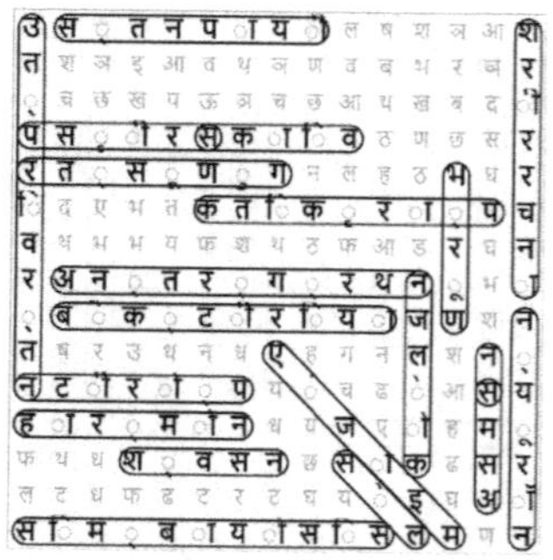

37 - Landen #1

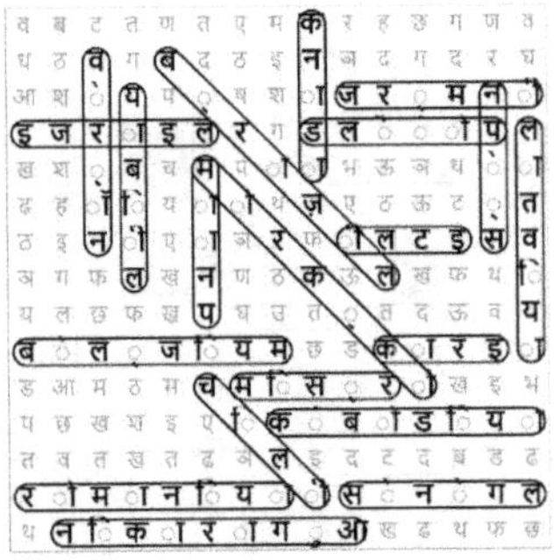

38 - Installaties

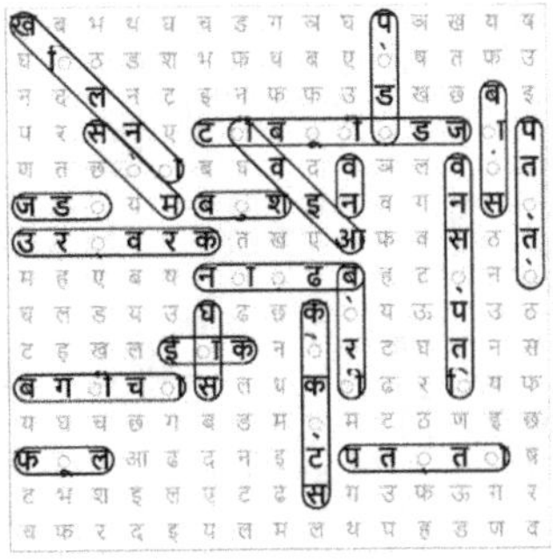

39 - Agronomie

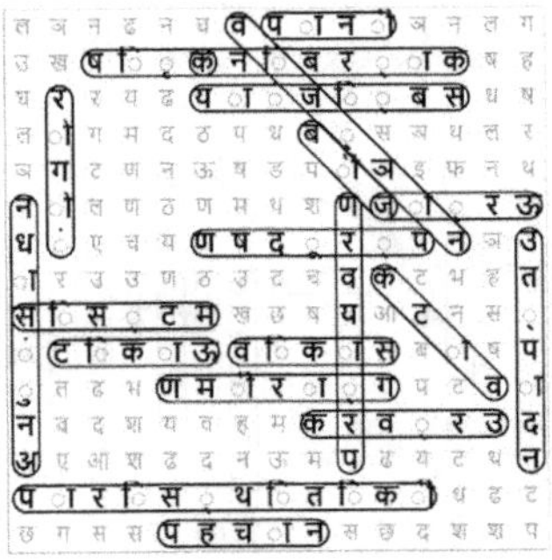

40 - Oceaan

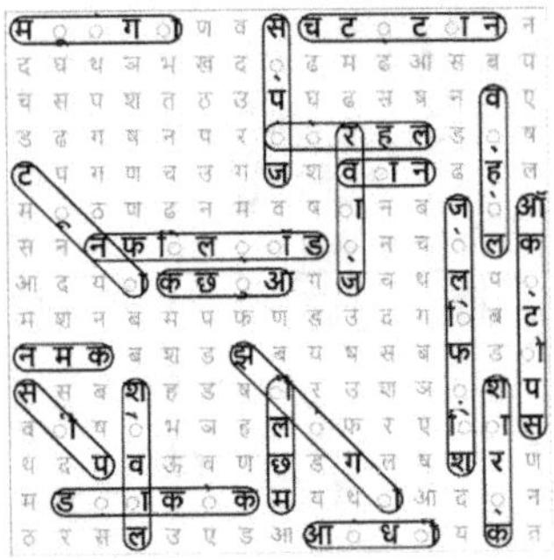

41 - Landen #2

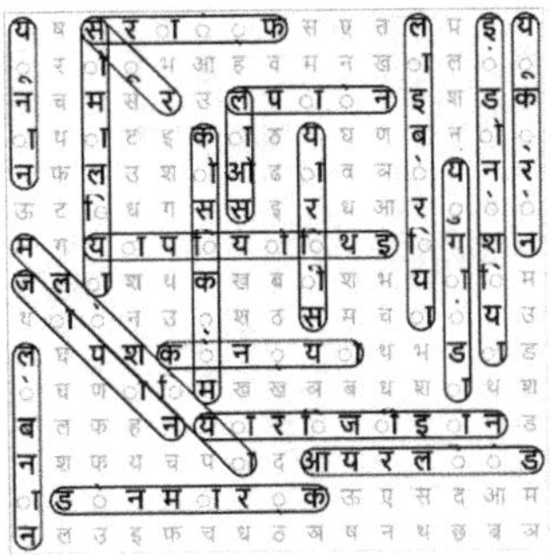

42 - Landschappen

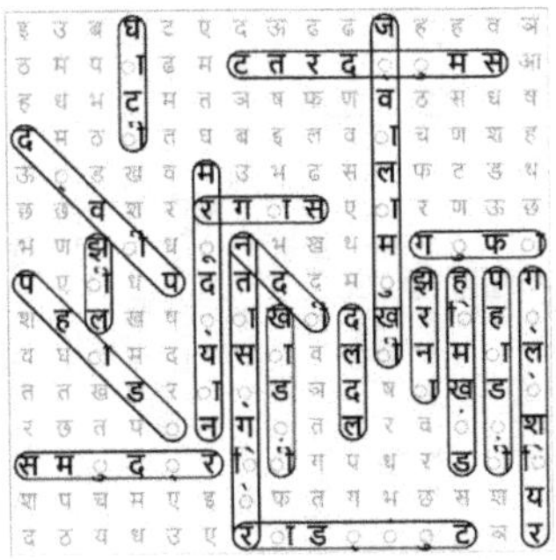

43 - Tuin

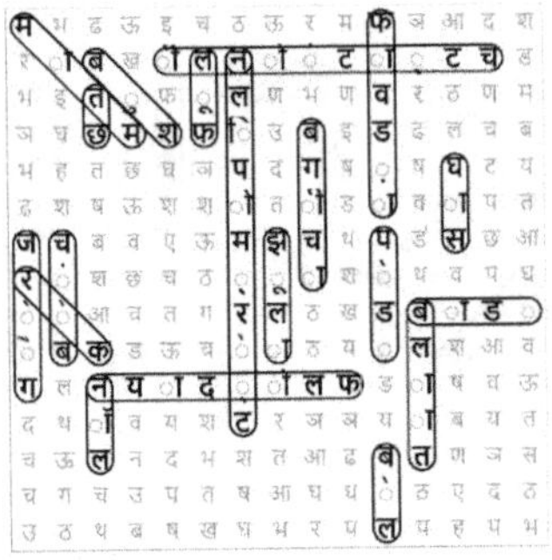

44 - Beroepen #2

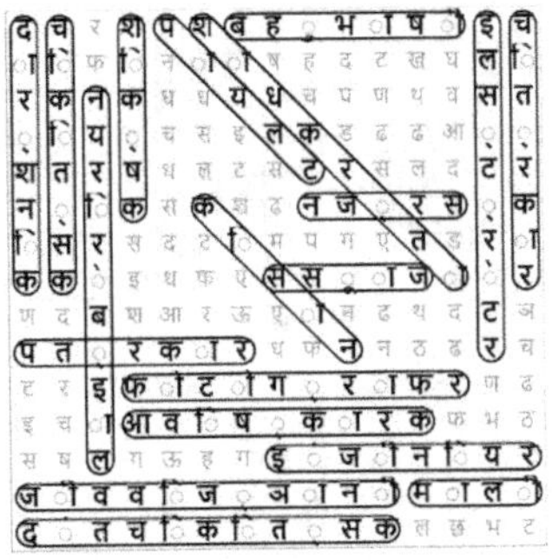

45 - Dagen en Maanden

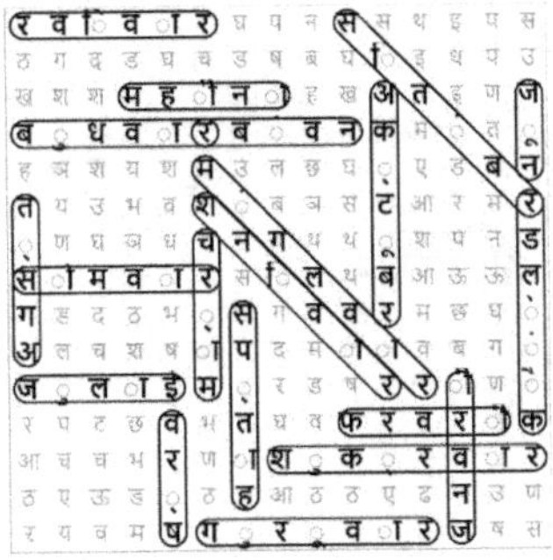

46 - Mode

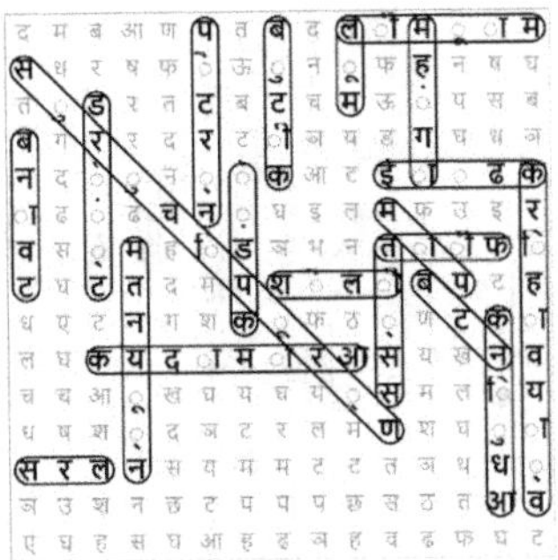

47 - Tuinieren

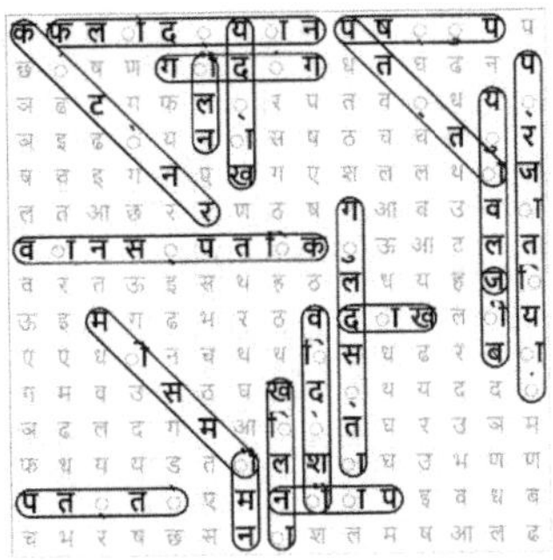

48 - Menselijk Lichaam

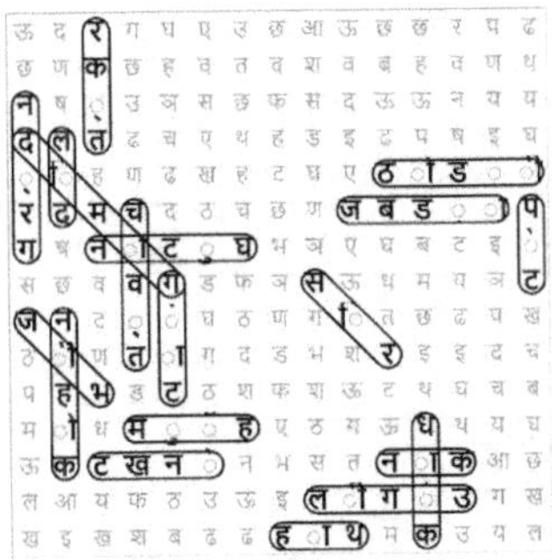

49 - Energie

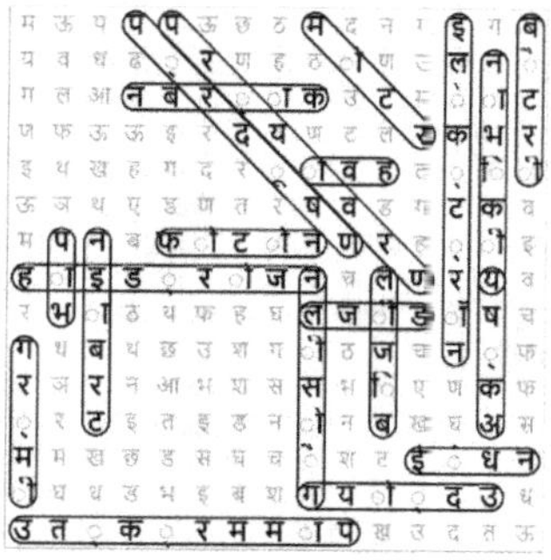

50 - Familie

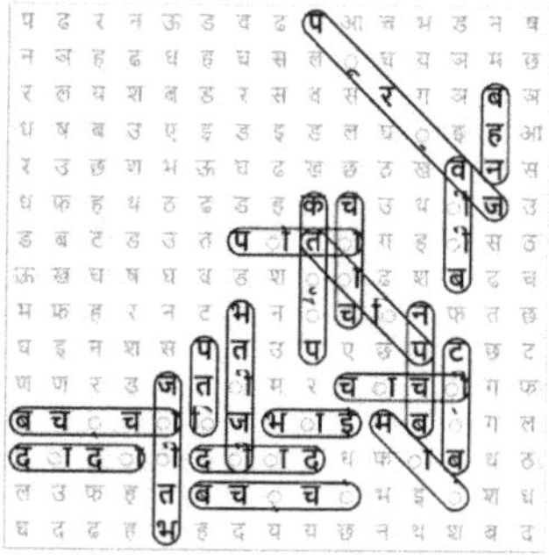

51 - Gebouwen

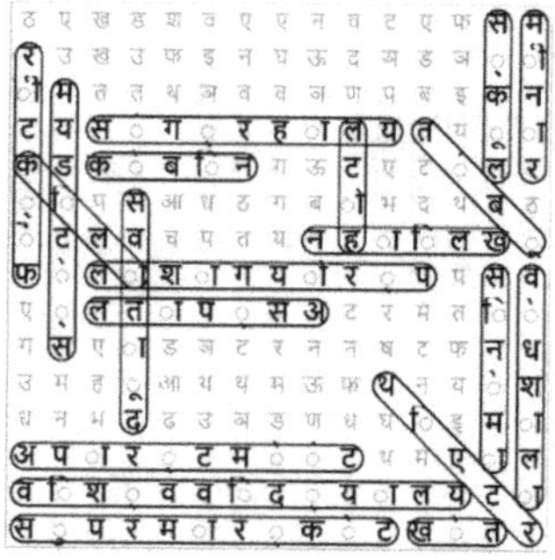

52 - Beroepen #1

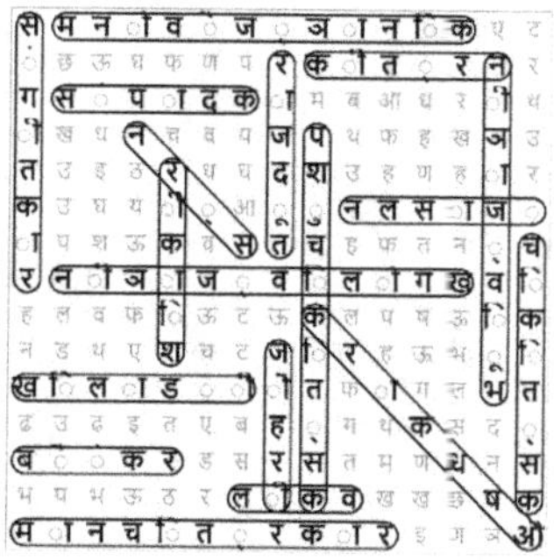

53 - Antarctica

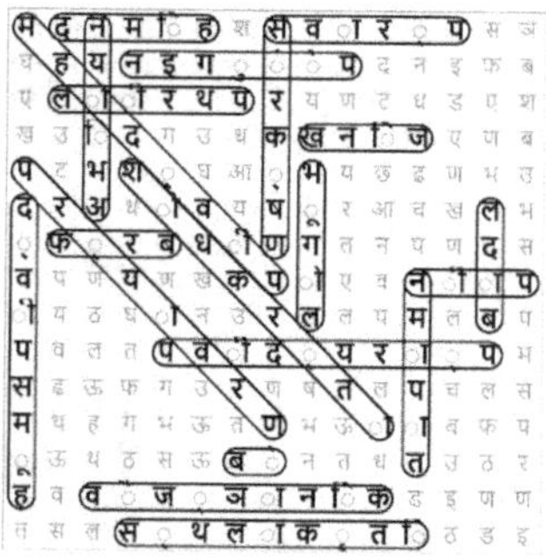

54 - Ballet

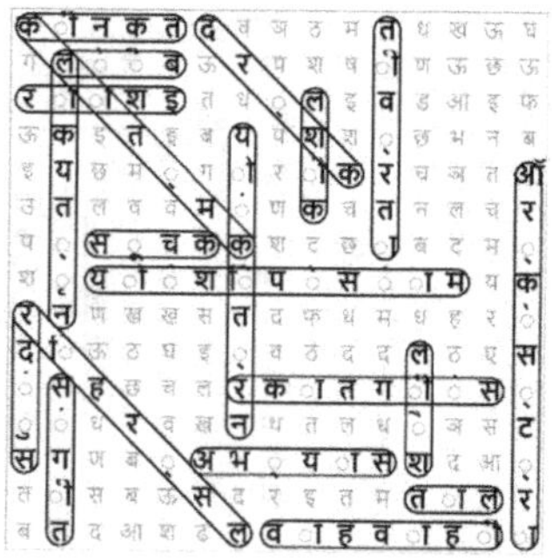

55 - Vissen

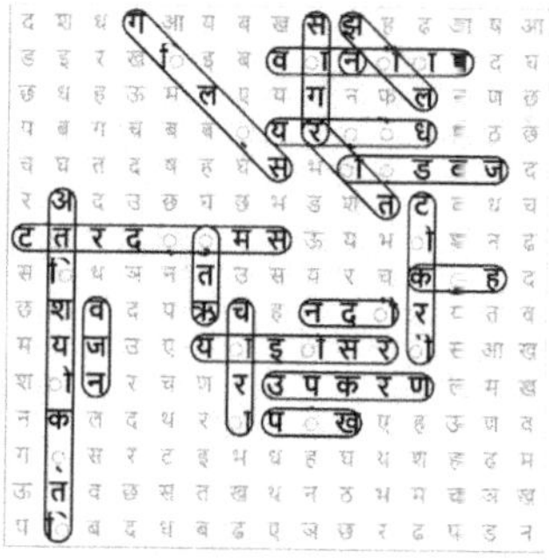

56 - Fruit

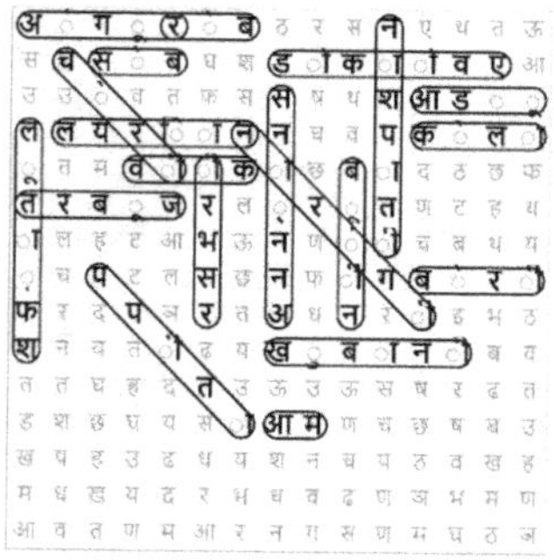

57 - Engineering

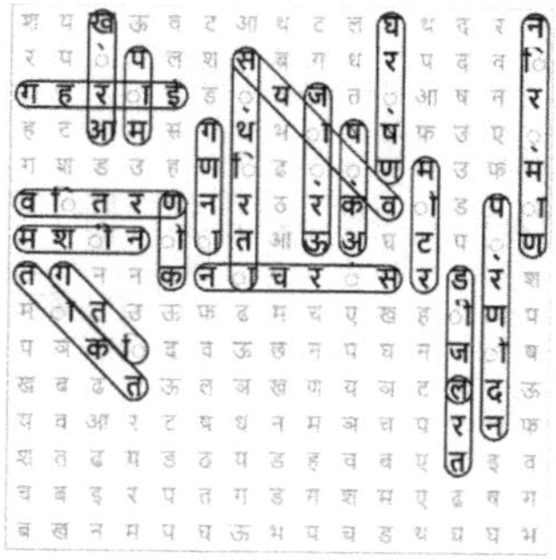

58 - Literatuur

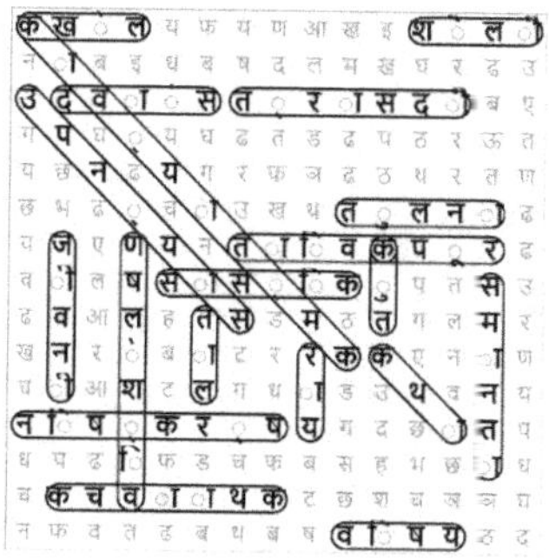

59 - Boeken

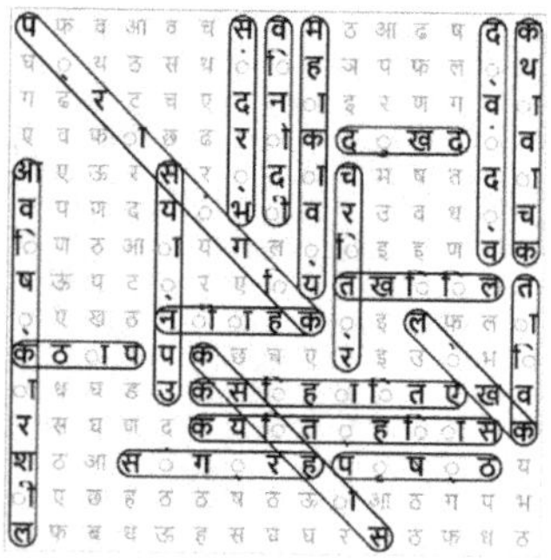

60 - Meer Informatie

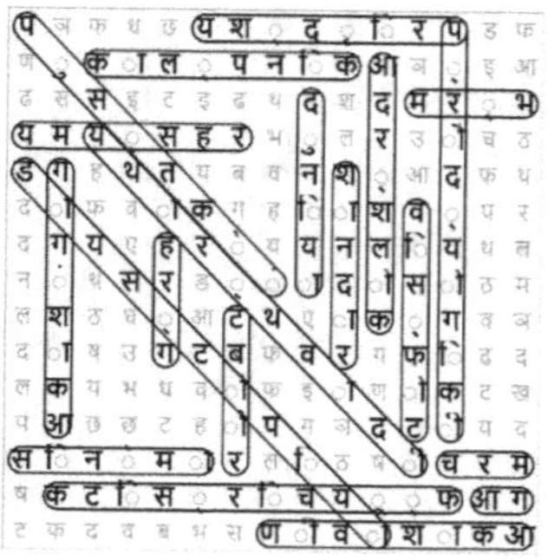

61 - Regenwoud

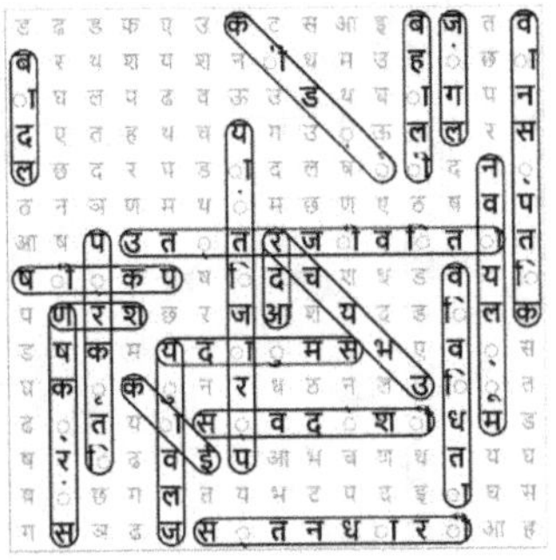

62 - Haartypes

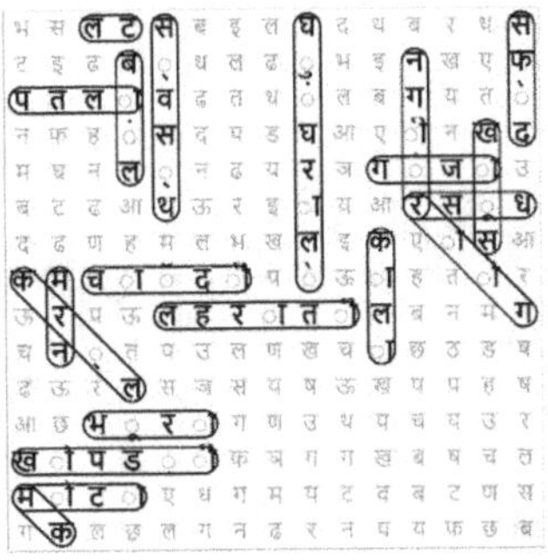

63 - Vaardigheden op het Werk

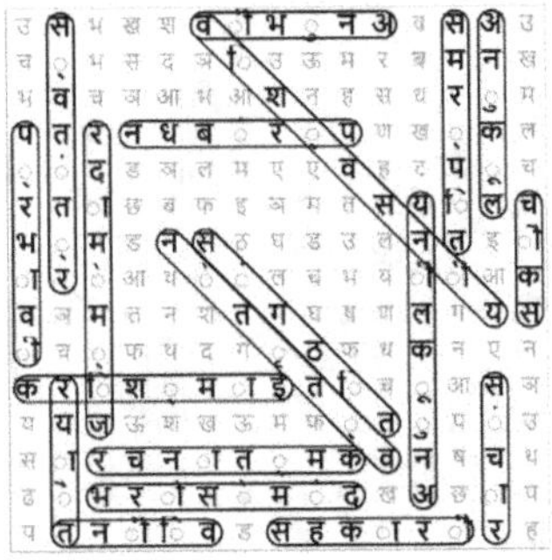

64 - Stad

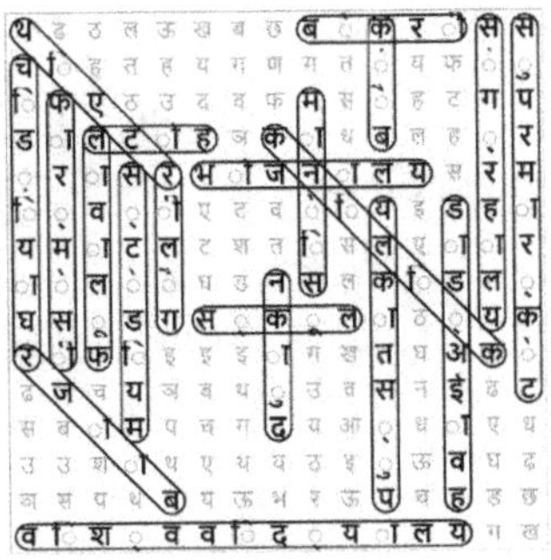

65 - Creativiteit

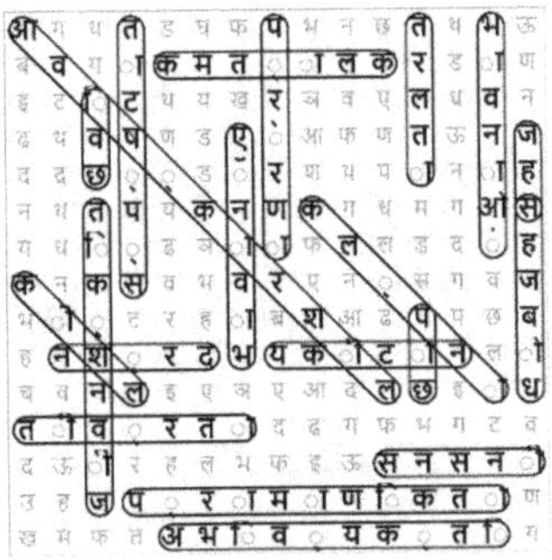

66 - Natuur

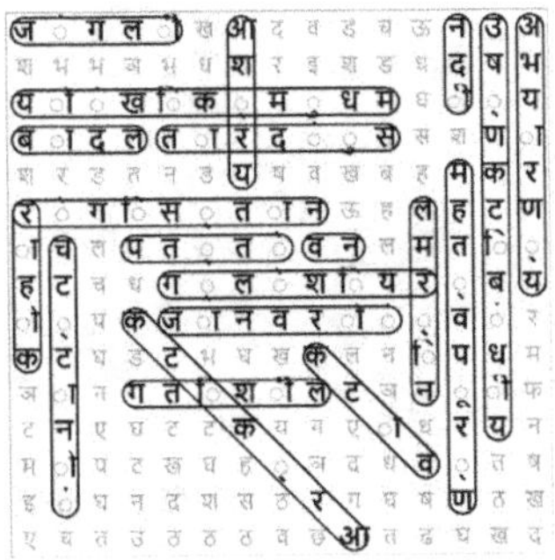

67 - Zoogdieren

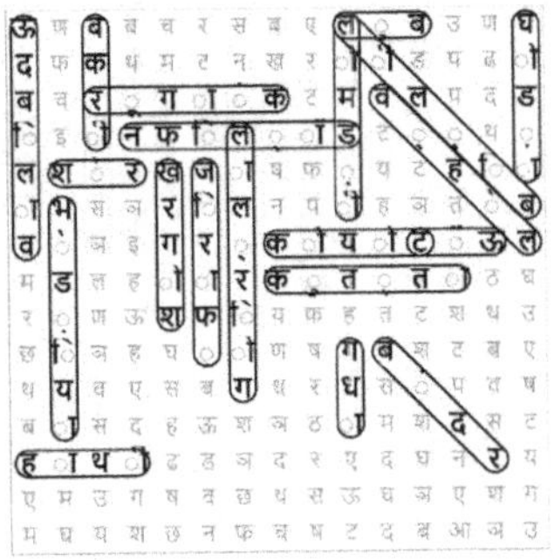

68 - Overheid

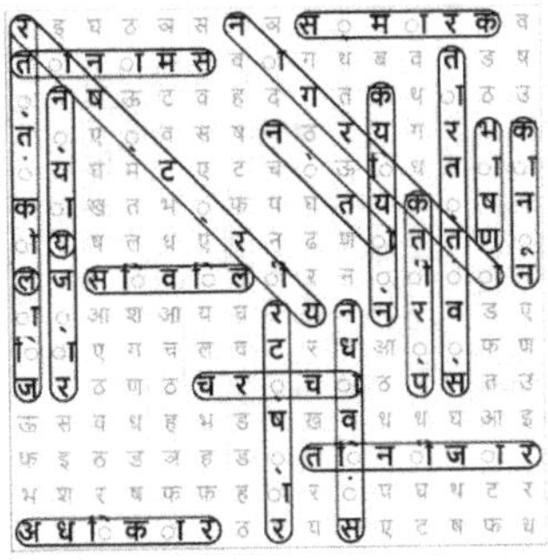

69 - Voertuigen

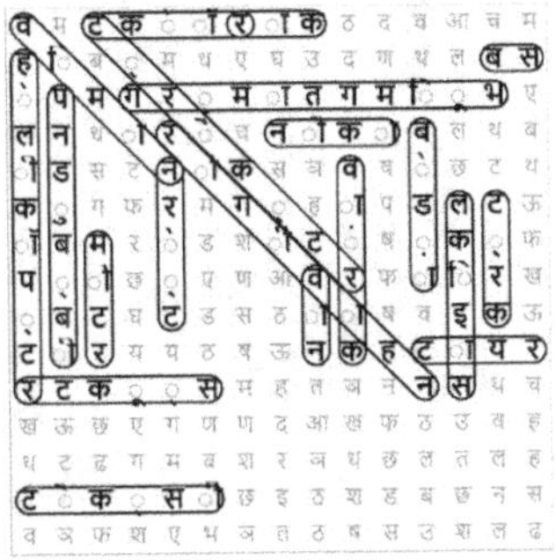

70 - Geografie

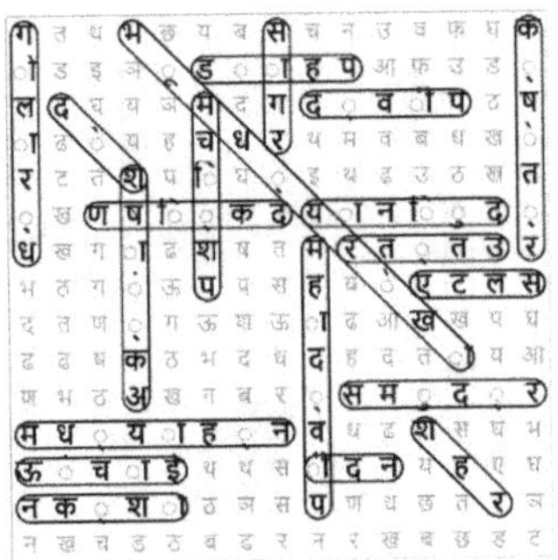

71 - Kunstbenodigdhe

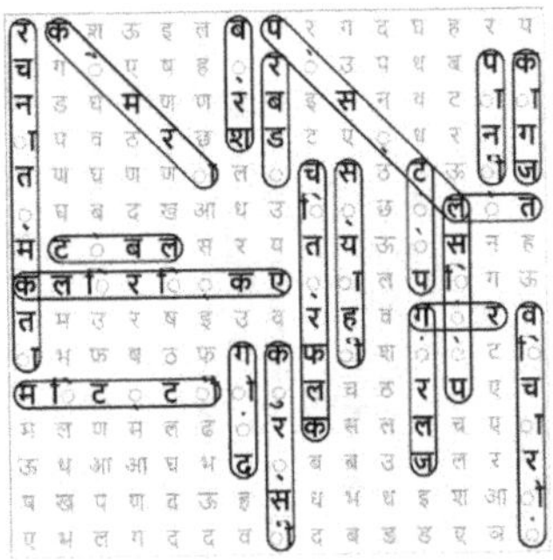

72 - Barbecues

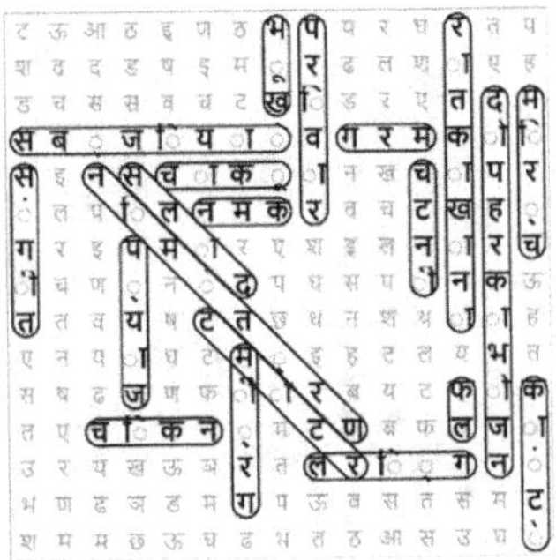

73 - Schoonheid

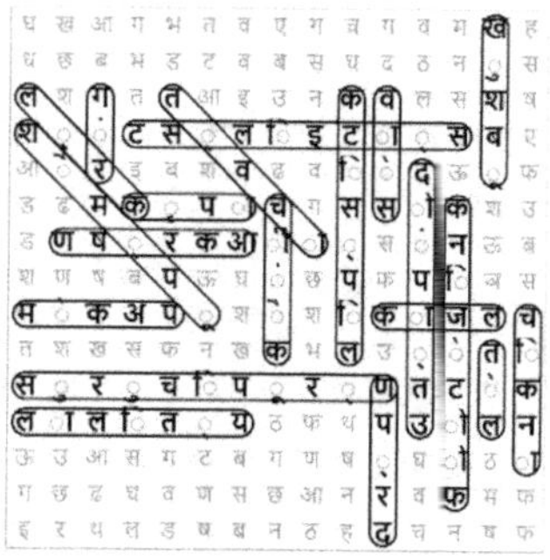

74 - Wetenschappelijk

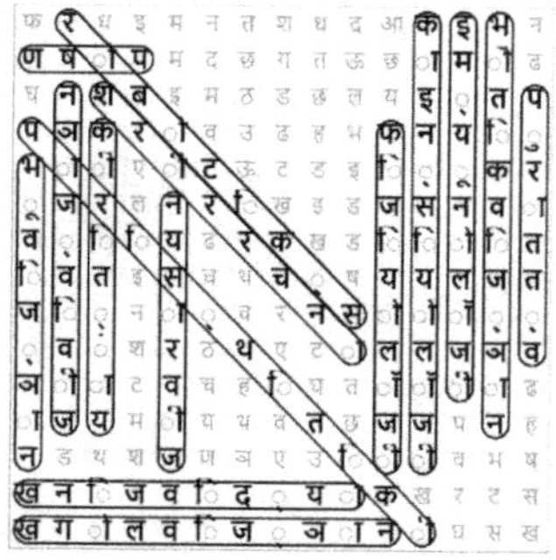

75 - Bijvoeglijke Naamwoorden

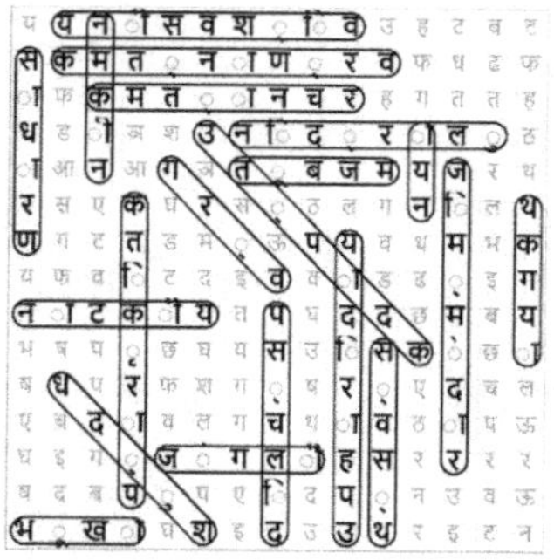

76 - Kleding

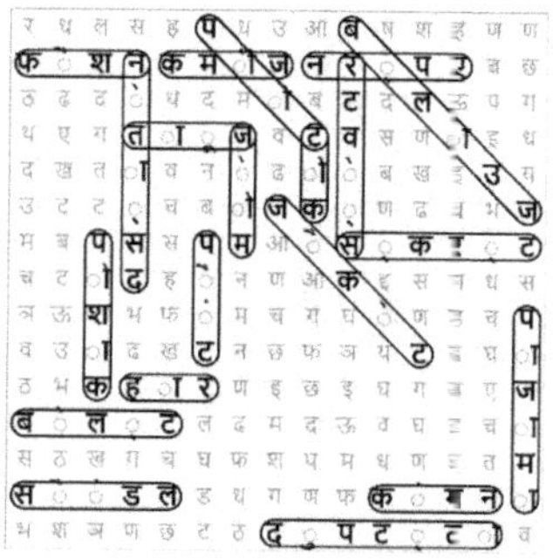

77 - Vliegtuigen

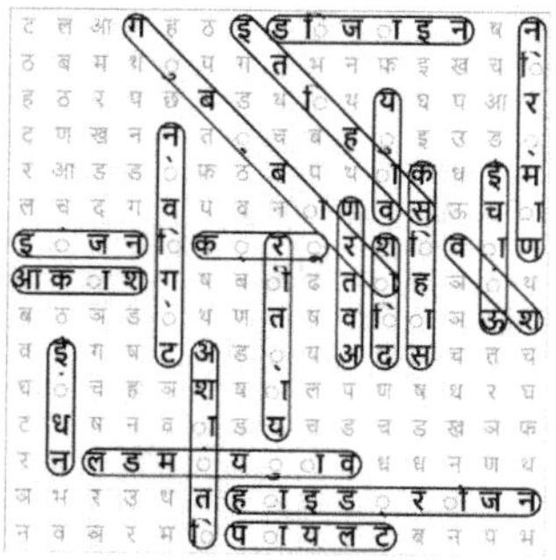

78 - Herbalisme

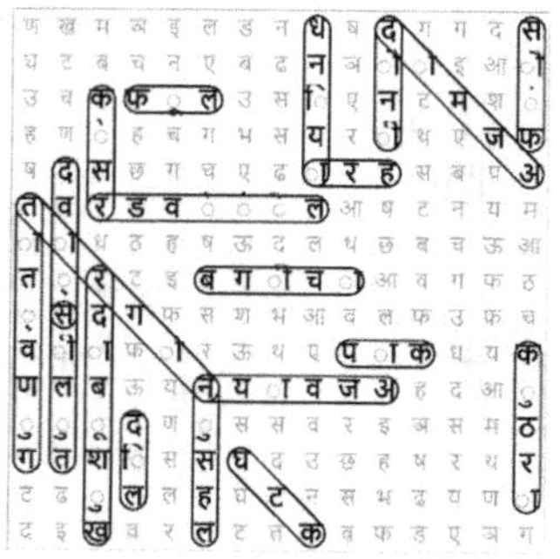

79 - Kracht en Zwaartekracht

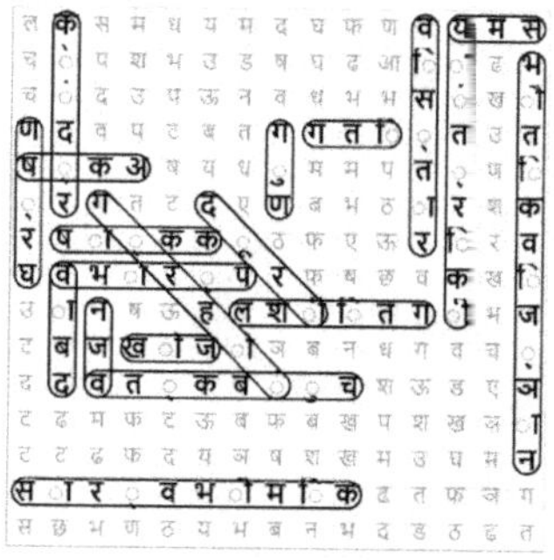

80 - Het Bedrijf

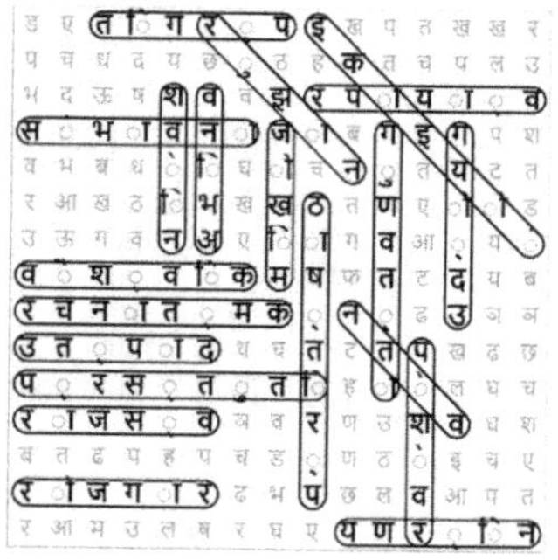

81 - Rijden

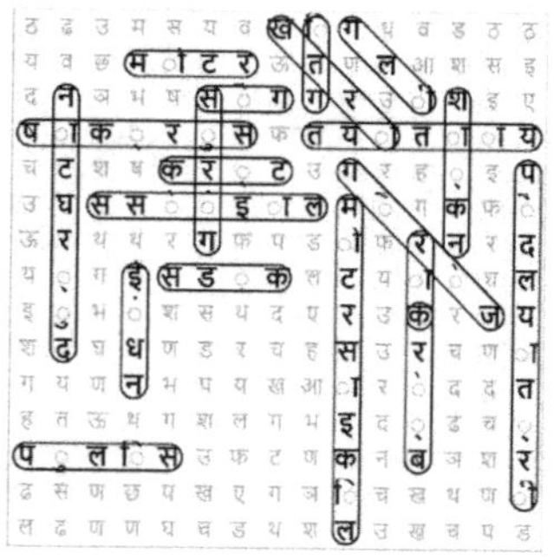

82 - Wetenschap

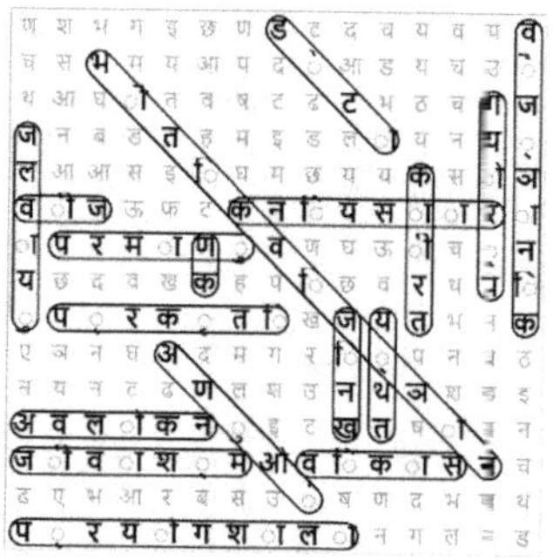

83 - Natuurkunde

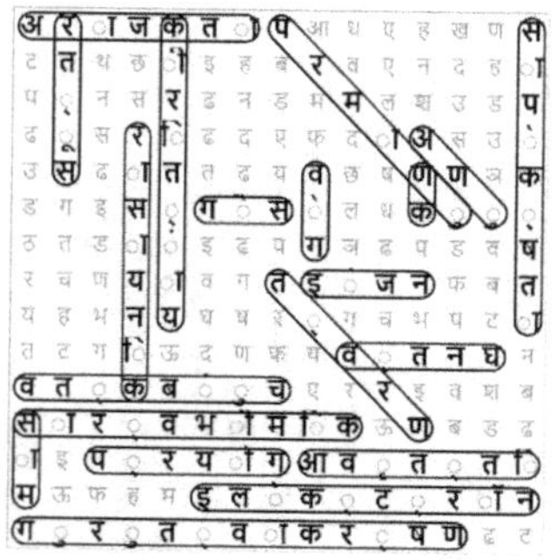

84 - Ethiek

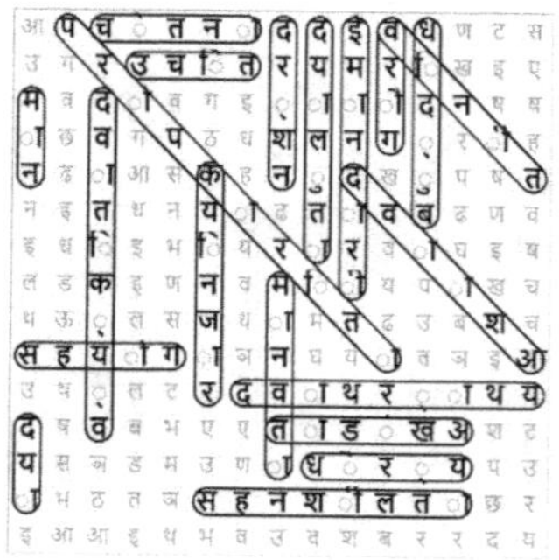

85 - Antiek

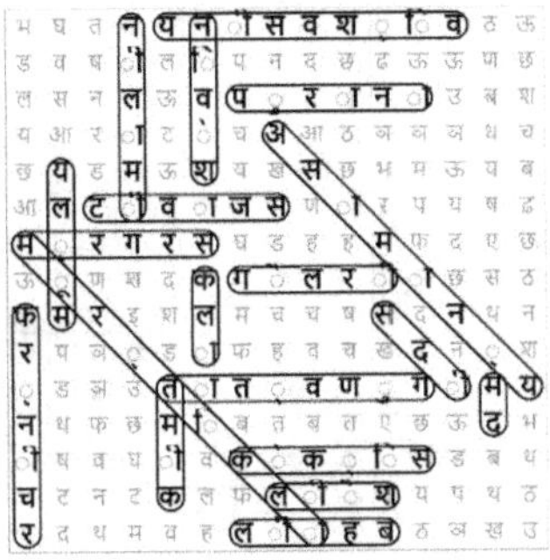

86 - Koffie

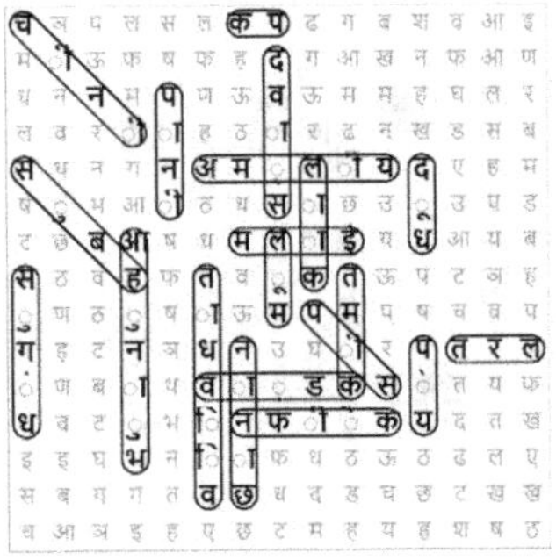

87 - Schaken

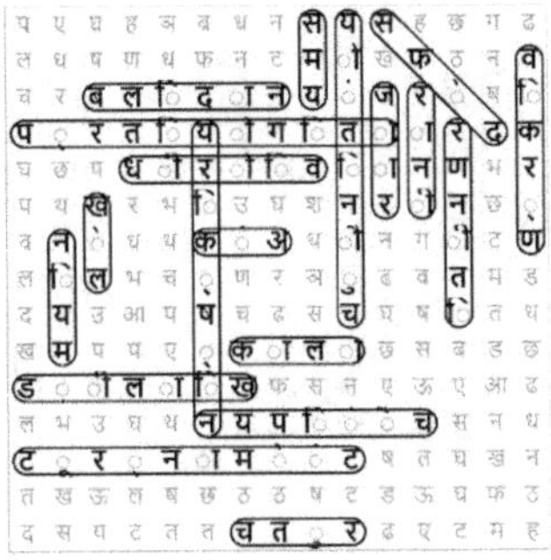

88 - Boerderij #1

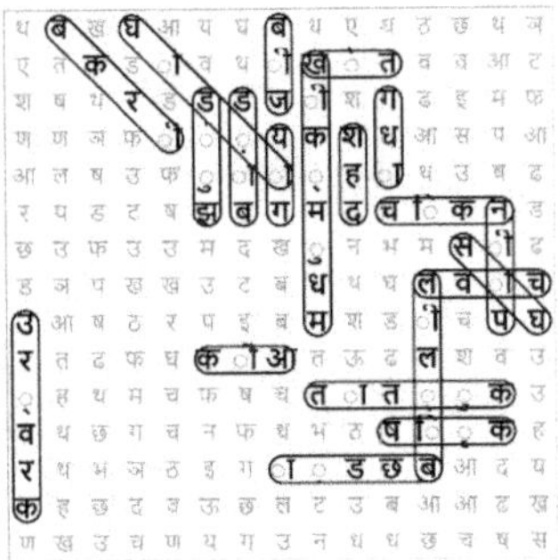

89 - Huis

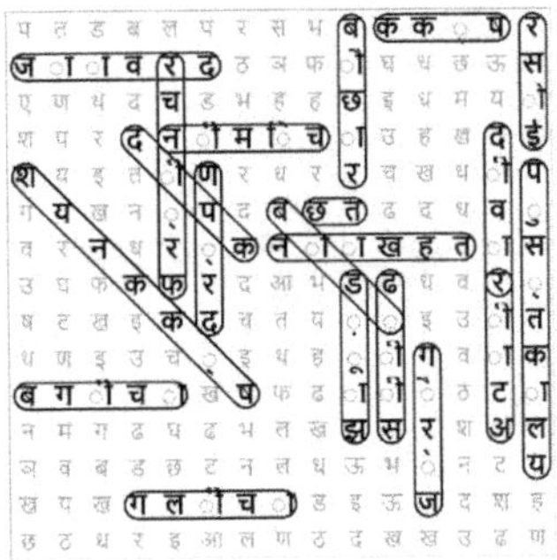

90 - Geometrie

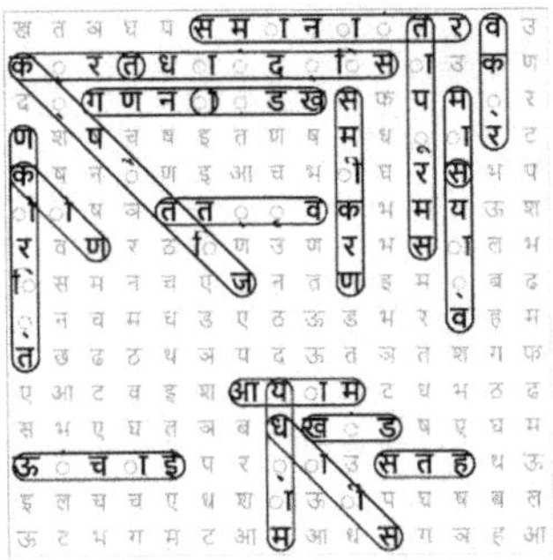

91 - Jazz

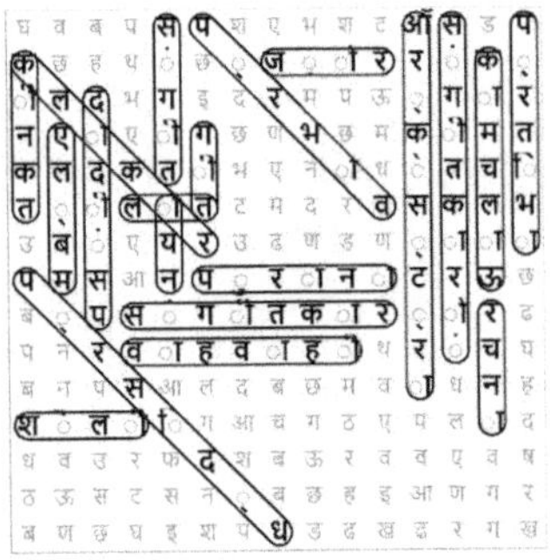

92 - Getallen

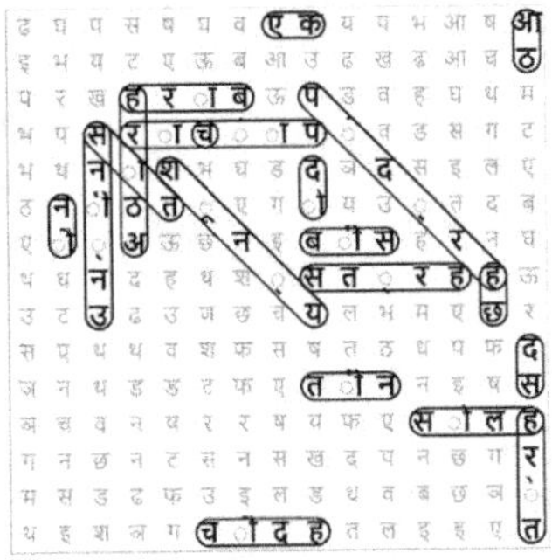

93 - Boksen

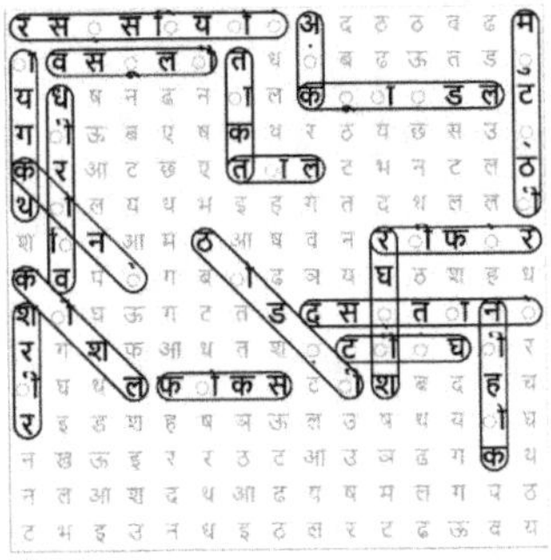

94 - Boerderij #2

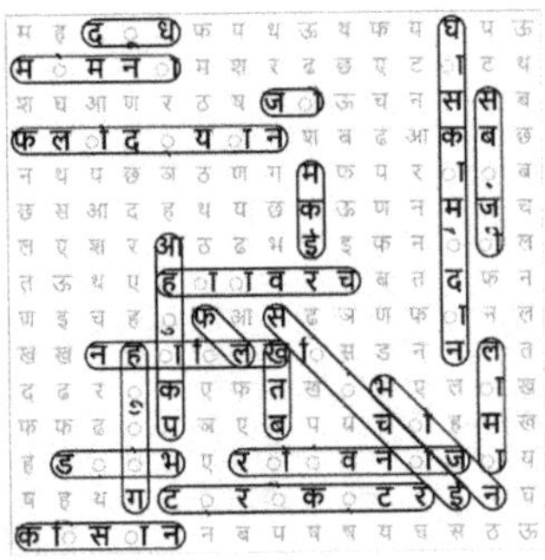

95 - Psychologie

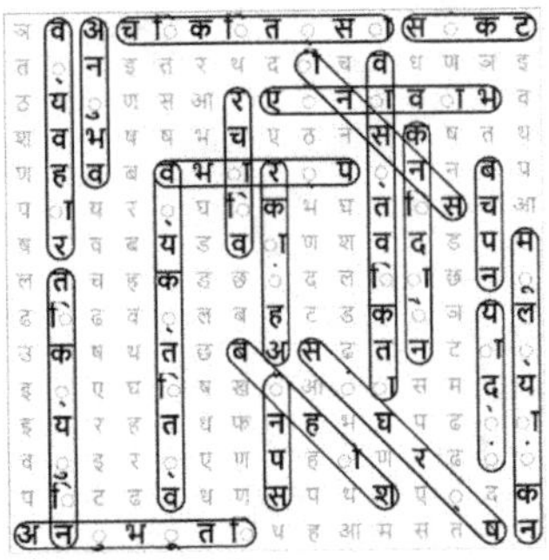

96 - Elektriciteit

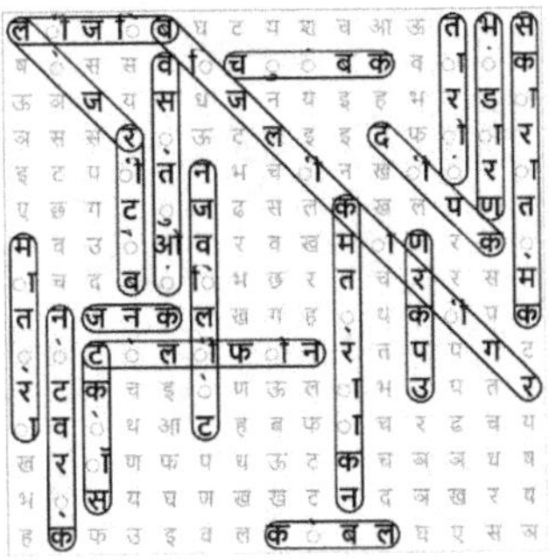

97 - Zakelijk

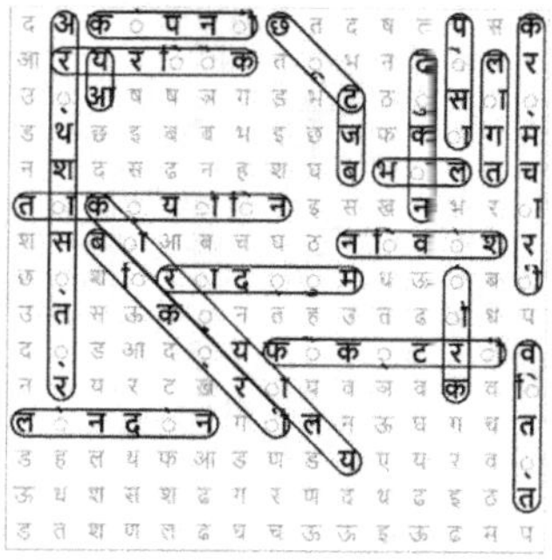

98 - Voeding

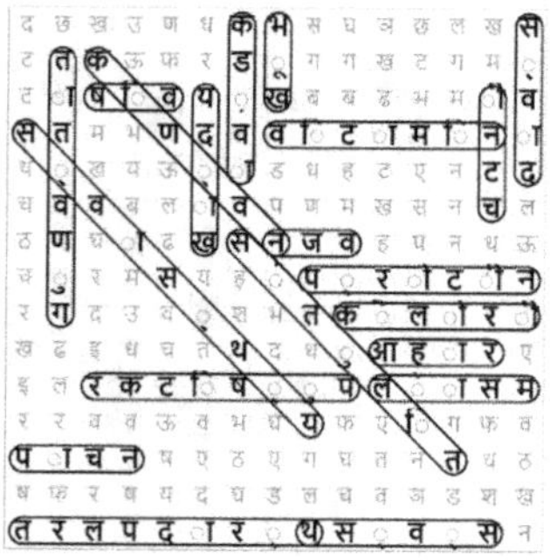

99 - Chemie

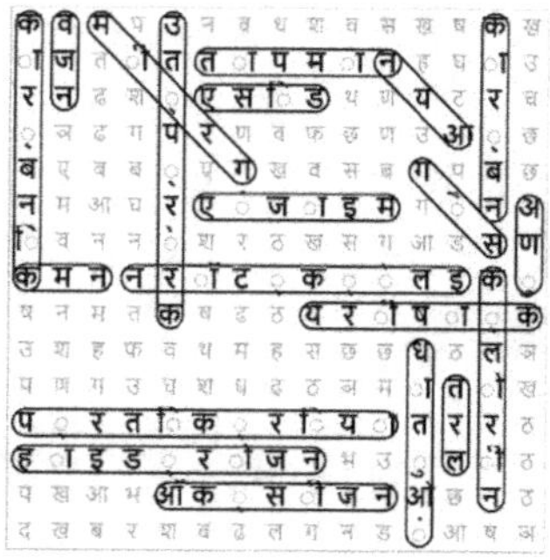

Woordenboek

Activiteiten
गतविधियाँ

Activiteit	गतविधि
Ambachten	शलि्प
Breien	बुनाई
Dansen	नृत्य
Fotografie	फोटोग्राफी
Games	खेल
Hengelsport	मछली पकड़ने
Jacht	शकिार करना
Kamperen	डेरा डालना
Kunst	कला
Lezen	पढ़ना
Magie	जादू
Naaien	सलिाई
Ontspanning	वशि्राम
Plezier	आनंद
Puzzels	पहेली
Schilderij	चति्रकारी
Tuinieren	बागवानी
Vaardigheid	कौशल
Vrije Tijd	अवकाश

Agronomie
कृषविजि्ञान

Duurzaam	टकिाऊ
Ecologie	पारस्थितिकिी
Energie	ऊर्जा
Erosie	कटाव
Groei	वकिास
Groente	सब्जयिां
Identificatie	पहचान
Landbouw	कृषि
Landelijk	ग्रामीण
Mest	उर्वरक
Omgeving	पर्यावरण
Onderzoek	अनुसंधान
Organisch	कार्बनकि
Productie	उत्पादन
Systemen	सस्टिम
Vervuiling	प्रदूषण
Water	पानी
Wetenschap	वज्ञिान
Zaden	बीज
Ziekten	रोगों

Algebra
बीजगणति

Aftrekken	घटाव
Diagram	आरेख
Divisie	वभिाजन
Exponent	प्रतपिादक
Factor	कारक
Formule	सूत्र
Fractie	अंश
Grafiek	ग्राफ
Haakje	कोष्ठक
Hoeveelheid	मात्रा
Lineair	रेखीय
Matrix	मैट्रक्सि
Nul	शून्य
Oneindig	अनंत
Oplossing	समाधान
Probleem	संकट
Som	योग
Vals	झूठा
Variabele	चर
Vergelijking	समीकरण

Antarctica
अंटार्कटकिा

Baai	बे
Behoud	संरक्षण
Continent	महाद्वीप
Eilanden	द्वीप समूह
Expeditie	अभयिान
Geografie	भूगोल
Gletsjers	हमिनद
Ijs	बर्फ
Migratie	प्रवास
Mineralen	खनजि
Omgeving	पर्यावरण
Onderzoeker	शोधकर्ता
Pinguïn	पेंगुइन
Rotsachtig	पथरीला
Schiereiland	प्रायद्वीप
Temperatuur	तापमान
Topografie	स्थलाकृति
Water	पानी
Wetenschappelijk	वैज्ञानकि
Wolken	बादल

Antiek
प्राचीन वस्तुएँ

Authentiek	वशि्वसनीय
Beeldhouwwerk	मूर्तकिला
Decoratief	सजावटी
Eeuw	सदी
Elegant	सुरुचपिूर्ण
Galerij	गैलरी
Investering	नविश
Item	मद
Kunst	कला
Kwaliteit	गुणवत्ता
Liefhebber	सरगर्म
Meubilair	फर्नीचर
Munten	सक्कि
Ongewoon	असामान्य
Oud	पुराना
Prijs	कीमत
Restauratie	बहाली
Stijl	शैली
Veiling	नीलामी
Waarde	मूल्य

Archeologie
पुरातत्व

Analyse	वश्लिषण
Beschaving	सभ्यता
Botten	हड्डयिों
Deskundige	वशिषज्ञ
Evaluatie	मूल्यांकन
Fossiel	जीवाश्म
Fragmenten	टुकड़े
Graf	मकबरे
Jaren	साल
Mysterie	रहस्य
Nakomeling	वंशज
Objecten	वस्तुओं
Onbekend	अनजान
Onderzoeker	शोधकर्ता
Oudheid	पुरातनता
Relikwie	अवशेष
Team	टीम
Tempel	मंदरि
Tijdperk	युग
Vergeten	भुला दयिा

Astronomie
खगोल वदि्या

Aarde	पृथ्वी
Asteroïde	क्षुद्रग्रह
Astronoom	खगोल वज्ञिानी
Dierenriem	राशि
Equinox	वषुिव
Hemel	आकाश
Kosmos	ब्रह्मांड
Maan	चाँद
Meteoor	उल्का
Nevel	नहिारकि
Observatorium	वेधशाला
Planeet	ग्रह
Raket	रॉकेट
Satelliet	उपग्रह
Ster	तारा
Sterrenbeeld	नक्षत्र
Straling	वकिरिण
Telescoop	दूरबीन
Universum	संसार
Zwaartekracht	गुरुत्वाकर्षण

Avontuur
साहसकि कार्य

Activiteit	गतविधि
Bestemming	गंतव्य
Enthousiasme	उत्साह
Excursie	भ्रमण
Gevaarlijk	खतरनाक
Kans	मौका
Moed	वीरता
Moeilijkheid	कठनिाई
Natuur	प्रकृति
Navigatie	पथ प्रदर्शन
Nieuw	नया
Ongewoon	असामान्य
Reizen	यात्रा
Schoonheid	सुंदरता
Uitdagingen	चुनौतयिाँ
Veiligheid	सुरक्षा
Voorbereiding	तैयारी
Vreugde	हर्ष
Vrienden	दोस्तों

Ballet
बैले

Applaus	वाहवाही
Artistiek	कलात्मक
Ballerina	बैले
Choreografie	नृत्यकला
Componist	संगीतकार
Dansers	नर्तकयिाँ
Expressief	सूचक
Gebaar	इशारा
Intensiteit	तीव्रता
Muziek	संगीत
Orkest	ऑर्केस्ट्रा
Praktijk	अभ्यास
Publiek	दर्शक
Repetitie	रहिर्सल
Ritme	ताल
Sierlijk	सुंदर
Spieren	मांसपेशयिाँ
Stijl	शैली
Techniek	तकनीक
Vaardigheid	कौशल

Barbecues
बारबेक्यू

Diner	रात का खाना
Familie	परविार
Fruit	फल
Grill	ग्रलि
Groente	सब्जयिां
Heet	गरम
Honger	भूख
Kip	चकिन
Lunch	दोपहर का भोजन
Messen	चाकू
Muziek	संगीत
Peper	मर्चि
Salades	सलाद
Saus	चटनी
Tomaten	टमाटर
Uien	प्याज
Uitnodiging	नमिंत्रण
Vorken	कांटे
Zomer	गर्मी
Zout	नमक

Beroepen #1
व्यवसाय #1

Advocaat	वकील
Ambassadeur	राजदूत
Apotheker	औषधकारक
Astronoom	खगोल वज्ञिानी
Atleet	खलिाड़ी
Bankier	बैंकर
Cartograaf	मानचत्रिकार
Danser	नर्तकी
Dierenarts	पशु चकित्सिक
Dokter	चकित्सिक
Editor	संपादक
Geoloog	भूवज्ञिानी
Jager	शकिारी
Juwelier	जौहरी
Loodgieter	नलसाज़
Muzikant	संगीतकार
Pianist	पयिानोवादक
Psycholoog	मनोवैज्ञानकि
Verpleegster	नर्स
Wetenschapper	वैज्ञानकि

Beroepen #2
व्यवसाय #2

Arts	चकित्सिक
Bibliothecaris	लाइब्रेरयिन
Bioloog	जीववज्ञिानी
Boer	कसिान
Chirurg	सर्जन
Detective	जासूस
Filosoof	दार्शनकि
Fotograaf	फोटोग्राफर
Illustrator	इलस्ट्रेटर
Ingenieur	इंजीनयिर
Journalist	पत्रकार
Leraar	शक्षिक
Linguïst	बहुभाषी
Onderzoeker	शोधकर्ता
Piloot	पायलट
Schilder	चत्रिकार
Tandarts	दंत चकित्सिक
Tuinman	माली
Uitvinder	आवष्किारक
Zoöloog	जूलॉजस्टि

Bijen
मधुमक्खियों

Bestuiver	परागणक
Bijenkorf	छत्ता
Bloemen	फूल
Bloesem	खलिना
Diversiteit	ववििधिता
Fruit	फल
Honing	शहद
Insect	कीट
Koningin	रानी
Planten	पौधे
Rook	धुआँ
Stuifmeel	पराग
Tuin	बगीचा
Vleugels	पंख
Voedsel	भोजन
Voordelig	लाभकारी
Was	मोम
Zon	सूर्य
Zwerm	झुंड

Bijvoeglijke Naamwoorden
वशिेषण #1

Aantrekkelijk	आकर्षक
Actief	सक्रयि
Ambitieus	महत्वाकांक्षी
Aromatisch	खुशबूदार
Artistiek	कलात्मक
Belangrijk	महत्वपूर्ण
Diep	गहरा
Donker	अंधेरा
Dun	पतला
Eerlijk	ईमानदार
Exotisch	वदिेशी
Identiek	समान
Jong	युवा
Lang	लंबा
Langzaam	धीमा
Modern	आधुनकि
Onschuldig	मासूम
Perfect	उत्तम
Waardevol	मूल्यवान
Zwaar	भारी

Bijvoeglijke Naamwoorden
वशिेषण #2

Authentiek	वश्विसनीय
Begaafd	उपहार दयिा
Beschrijvend	वर्णनात्मक
Creatief	रचनात्मक
Dramatisch	नाटकीय
Gezond	स्वस्थ
Hongerig	भूखा
Interessant	दलिचस्प
Moe	थक गया
Natuurlijk	प्राकृतकि
Nieuw	नया
Normaal	साधारण
Productief	उत्पादक
Slaperig	नद्रिालु
Sterk	मजबूत
Trots	गर्व
Verantwoordelijk	जम्मिेदार
Wild	जंगली
Zout	नमकीन
Zuiver	शुद्ध

Biologie
जीववज्ञिान

Ademhaling	श्वसन
Anatomie	शरीर रचना
Bacteriën	बैक्टीरयिा
Cel	सेल
Chromosoom	गुणसूत्र
Collageen	कोलेजन
Eiwit	प्रोटीन
Embryo	भ्रूण
Enzym	एंजाइम
Evolutie	वकिास
Hormoon	हार्मोन
Mutatie	उत्परविर्तन
Natuurlijk	प्राकृतकि
Neuron	न्यूरॉन
Osmose	असमस
Reptiel	सरीसृप
Symbiose	सम्बिायोससि
Synaps	अन्तर्ग्रथन
Zenuw	नस
Zoogdier	स्तनपायी

Boeken
पुस्तकें

Auteur	लेखक
Avontuur	साहसकि
Bladzijde	पृष्ठ
Collectie	संग्रह
Context	संदर्भ
Dualiteit	द्वंद्व
Episch	महाकाव्य
Gedicht	कवतिा
Geschreven	लखिति
Historisch	ऐतहिासकि
Humoristisch	वनिोदी
Inventief	आवष्किारशील
Karakter	चरत्रि
Lezer	पाठक
Literair	साहत्यिकि
Relevant	प्रासंगकि
Roman	उपन्यास
Tragisch	दुखद
Verhaal	कहानी
Verteller	कथावाचक

Boerderij #1
फार्म #1

Bij	मधुमक्खी
Ezel	गधा
Geit	बकरी
Hek	बाड़
Hond	कुत्ता
Honing	शहद
Hooi	घास
Kalf	बछड़ा
Kat	बल्लिी
Kip	चकिन
Koe	गाय
Kraai	कौआ
Kudde	झुंड
Landbouw	कृषि
Mest	उर्वरक
Paard	घोड़ा
Rijst	चावल
Veld	खेत
Water	पानी
Zaden	बीज

Boerderij #2
फार्म #2

Boer	कसिान
Boomgaard	फलोद्यान
Dieren	जानवरों
Eend	बतख
Fruit	फल
Gerst	जौ
Groente	सब्जी
Herder	चरवाहा
Irrigatie	सचिाई
Lam	मेमना
Lama	लामा
Maïs	मकई
Melk	दूध
Rijp	पका हुआ
Schaap	भेड़
Schuur	खलहिान
Tarwe	गेहूँ
Tractor	ट्रैक्टर
Voedsel	भोजन
Weide	घास का मैदान

Boksen
मुक्केबाज़ी

Elleboog	कोहनी
Focus	फोकस
Handschoenen	दस्ताने
Herstel	वसूली
Hoek	कोने
Kin	ठोड़ी
Klok	घंटी
Kracht	ताकत
Lichaam	शरीर
Punten	अंक
Scheidsrechter	रेफरी
Schoppen	लात
Snel	शीघ्र
Tegenstander	वरिोधी
Touwen	रस्सियों
Uitgeput	थक गया
Vaardigheid	कौशल
Vechter	लड़ाकू
Vuist	मुट्ठी

Boten
नौकाएँ

Anker	लंगर
Bemanning	क्रू
Boei	बोया
Dok	गोदी
Golven	लहरें
Jacht	नौका
Kajak	कश्ती
Kano	डोंगी
Mast	मस्तूल
Matroos	नावकि
Meer	झील
Motor	इंजन
Nautisch	समुद्री
Oceaan	सागर
Rivier	नदी
Tij	ज्वार
Touw	रस्सी
Vlot	बेड़ा
Zee	समुद्र
Zeilboot	सेलबोट

Camping
कैम्पगि

Avontuur	साहसकि
Berg	पहाड़
Bomen	पेड़
Bos	वन
Brand	आग
Cabine	केबनि
Dieren	जानवरों
Hangmat	झूला
Hoed	टोपी
Insect	कीट
Jacht	शकिार करना
Kaart	नक्शा
Kano	डोंगी
Kompas	दक्सिूचक
Lantaarn	लालटेन
Maan	चाँद
Meer	झील
Natuur	प्रकृति
Tent	तंबू
Touw	रस्सी

Chemie
रसायन वज्ञिान

Alkalisch	क्षारीय
Chloor	क्लोरीन
Elektron	इलेक्ट्रॉन
Enzym	एंजाइम
Gas	गैस
Gewicht	वजन
Ion	आयन
Katalysator	उत्प्रेरक
Koolstof	कार्बन
Metalen	धातुओं
Molecuul	अणु
Organisch	कार्बनकि
Reactie	प्रतक्रिया
Temperatuur	तापमान
Vloeistof	तरल
Warmte	गर्मी
Waterstof	हाइड्रोजन
Zout	नमक
Zuur	एसडि
Zuurstof	ऑक्सीजन

Chocolade
चॉकलेट

Antioxidant	एंटीऑक्सीडेंट
Aroma	सुगंध
Artisanaal	कुटीर
Bitter	कड़वा
Cacao	कोको
Calorieën	कैलोरी
Exotisch	वदिेशी
Favoriet	प्रयि
Heerlijk	स्वादष्टि
Ingrediënt	घटक
Kokosnoot	नारयिल
Kwaliteit	गुणवत्ता
Pinda'S	मूंगफली
Poeder	पाउडर
Recept	वधिि
Smaak	स्वाद
Snoep	कैंडी
Suiker	चीनी
Zoet	मठिाई

Creativiteit
क्रिएटिविटी

Artistiek	कलात्मक
Beeld	छवि
Dramatisch	नाटकीय
Echtheid	प्रामाणिकता
Emoties	भावनाएँ
Gevoel	सनसनी
Gevoelens	भावनाओं
Helderheid	स्पष्टता
Indruk	छाप
Inspiratie	प्रेरणा
Intensiteit	तीव्रता
Intuïtie	सहज बोध
Inventief	आविष्कारशील
Spontaan	सहज
Uitdrukking	अभिव्यक्ति
Vaardigheid	कौशल
Verbeelding	कल्पना
Visioenen	दर्शन
Vitaliteit	जीवन शक्ति
Vloeibaarheid	तरलता

Dagen en Maanden
दिन और महीने

Augustus	अगस्त
Dinsdag	मंगलवार
Donderdag	गुरूवार
Februari	फरवरी
Jaar	वर्ष
Januari	जनवरी
Juli	जुलाई
Juni	जून
Kalender	कैलेंडर
Maand	महीना
Maandag	सोमवार
Maart	मार्च
November	नवंबर
Oktober	अक्टूबर
September	सितंबर
Vrijdag	शुक्रवार
Week	सप्ताह
Woensdag	बुधवार
Zaterdag	शनिवार
Zondag	रविवार

Dans
नृत्य

Academie	अकादमी
Beweging	गति
Blij	हर्षित
Choreografie	नृत्यकला
Cultureel	सांस्कृतिक
Cultuur	संस्कृति
Emotie	भावना
Expressief	सूचक
Genade	कृपा
Houding	आसन
Klassiek	शास्त्रीय
Kunst	कला
Lichaam	शरीर
Muziek	संगीत
Partner	साथी
Repetitie	रिहर्सल
Ritme	ताल
Traditioneel	परंपरागत
Visueel	दृश्य

De Media
द मीडिया

Advertenties	विज्ञापन
Commercieel	वाणिज्यिक
Communicatie	संचार
Digitaal	डिजिटल
Editie	संस्करण
Feiten	तथ्य
Houding	दृष्टिकोण
Individueel	व्यक्ति
Industrie	उद्योग
Intellectueel	बौद्धिक
Kranten	समाचार पत्र
Lokaal	स्थानीय
Mening	राय
Netwerk	नेटवर्क
Onderwijs	शिक्षा
Online	ऑनलाइन
Publiek	सार्वजनिक
Radio	रेडियो
Televisie	टेलीविजन
Tijdschriften	पत्रिकाओं

Diplomatie
कूटनीति

Adviseur	सलाहकार
Ambassade	दूतावास
Ambassadeur	राजदूत
Burgers	नागरिकों
Conflict	संघर्ष
Diplomatiek	राजनयिक
Discussie	चर्चा
Ethiek	नीति
Gemeenschap	समुदाय
Gerechtigheid	न्याय
Humanitair	मानवीय
Integriteit	अखंडता
Oplossing	समाधान
Politiek	राजनीति
Regering	सरकार
Resolutie	संकल्प
Samenwerking	सहयोग
Talen	भाषाओं
Veiligheid	सुरक्षा
Verdrag	संधि

Elektriciteit
बिजली

Accu	बैटरी
Apparatuur	उपकरण
Draden	तारों
Elektricien	बिजली कारीगर
Elektrisch	बिजली
Generator	जनक
Hoeveelheid	मात्रा
Kabel	केबल
Lamp	दीपक
Laser	लेजर
Magneet	चुंबक
Negatief	नकारात्मक
Netwerk	नेटवर्क
Objecten	वस्तुओं
Opslag	भंडारण
Positief	सकारात्मक
Stopcontact	सॉकेट
Telefoon	टेलीफोन
Televisie	टेलीविजन

Energie
ऊर्जा

Accu	बैटरी
Benzine	गैसोलीन
Brandstof	ईंधन
Diesel	डीजल
Elektrisch	बजिली
Elektron	इलेक्ट्रॉन
Entropie	उत्क्रम-माप
Foton	फोटोन
Hernieuwbaar	अक्षय
Industrie	उद्योग
Koolstof	कार्बन
Motor	मोटर
Nucleair	नाभकिीय
Omgeving	पर्यावरण
Stoom	भाप
Turbine	टरबाइन
Vervuiling	प्रदूषण
Warmte	गर्मी
Waterstof	हाइड्रोजन
Wind	हवा

Engineering
अभयिांत्रकी

As	अक्ष
Berekening	गणना
Beweging	गति
Bouw	नर्िमाण
Diagram	आरेख
Diameter	व्यास
Diepte	गहराई
Diesel	डीजल
Distributie	वतिरण
Energie	ऊर्जा
Hoek	कोण
Kracht	ताकत
Machine	मशीन
Meting	माप
Motor	मोटर
Stabiliteit	स्थरिता
Structuur	संरचना
Vloeistof	तरल
Voortstuwing	प्रणोदन
Wrijving	घर्षण

Eten #1
खाना #1

Aardbei	स्ट्रॉबेरी
Abrikoos	खुबानी
Basilicum	तुलसी
Citroen	नींबू
Gerst	जौ
Kaneel	दालचीनी
Knoflook	लहसुन
Melk	दूध
Peer	नाशपाती
Pinda	मूंगफली
Salade	सलाद
Sap	रस
Soep	सूप
Spinazie	पालक
Suiker	चीनी
Tonijn	टूना
Ui	प्याज
Vlees	मांस
Wortel	गाजर
Zout	नमक

Eten #2
खाना #2

Amandel	बादाम
Ananas	अनन्नास
Appel	सेब
Asperge	शतावरी
Aubergine	बैंगन
Banaan	केला
Broccoli	ब्रोकोली
Brood	रोटी
Druif	अंगूर
Ei	अंडा
Ham	हैम
Kaas	पनीर
Kip	चकिन
Kiwi	कीवी
Perzik	आडू
Rijst	चावल
Tarwe	गेहूँ
Tomaat	टमाटर
Vis	मछली
Yoghurt	दही

Ethiek
आचार

Altruïsme	परोपकारिता
Diplomatiek	राजनयकि
Eerbiedig	वनिीत
Eerlijkheid	ईमानदारी
Filosofie	दर्शन
Geduld	धैर्य
Individualisme	व्यक्तिवाद
Integriteit	अखंडता
Mededogen	दया
Mensheid	मानवता
Optimisme	आशावाद
Rationaliteit	चेतना
Realisme	यथार्थवाद
Redelijk	उचति
Samenwerking	सहयोग
Tolerantie	सहनशीलता
Vriendelijkheid	दयालुता
Waarden	मान
Waardigheid	गौरव
Wijsheid	बुद्धि

Familie
परविार

Broer	भाई
Dochter	बेटी
Grootmoeder	दादी
Jeugd	बचपन
Kind	बच्चा
Kinderen	बच्चे
Kleinzoon	पोता
Man	पति
Moeder	मां
Neef	भतीजा
Nicht	भतीजी
Oom	चाचा
Opa	दादा
Tante	चाची
Vader	पिता
Vaderlijk	पैतृक
Voorouder	पूर्वज
Vrouw	बीवी
Zus	बहन

Fruit
फ्रूट

Abrikoos	खुबानी
Ananas	अनन्नास
Appel	सेब
Avocado	एवोकाडो
Banaan	केला
Bes	बेरी
Citroen	नींबू
Druif	अंगूर
Framboos	रसभरी
Kers	चेरी
Kiwi	कीवी
Kokosnoot	नारियल
Mango	आम
Meloen	तरबूज
Nectarine	शफ़तालू
Oranje	नारंगी
Papaja	पपीता
Peer	नाशपाती
Perzik	आड़ू
Pruim	बेर

Gebouwen
इमारतें

Ambassade	दूतावास
Appartement	अपार्टमेंट
Bioscoop	सनिमा
Boerderij	खेत
Cabine	केबनि
Fabriek	फैक्टरी
Hotel	होटल
Kasteel	कलि
Laboratorium	प्रयोगशाला
Museum	संग्रहालय
Observatorium	वेधशाला
School	स्कूल
Schuur	खलहिान
Stadion	स्टेडयिम
Supermarkt	सुपरमार्केट
Tent	तंबू
Theater	थएिटर
Toren	मीनार
Universiteit	वशि्ववद्यालय
Ziekenhuis	अस्पताल

Geografie
भूगोल

Atlas	एटलस
Berg	पहाड़
Breedtegraad	अक्षांश
Continent	महाद्वीप
Eiland	द्वीप
Evenaar	भूमध्य रेखा
Halfrond	गोलार्ध
Hoogte	ऊंचाई
Kaart	नक्शा
Land	देश
Meridiaan	मध्याह्न
Noorden	उत्तर
Oceaan	सागर
Regio	क्षेत्र
Rivier	नदी
Stad	शहर
Wereld	दुनयिा
Westen	पश्चमि
Zee	समुद्र
Zuiden	दक्षणि

Geologie
भूवज्ञिान

Aardbeving	भूकंप
Calcium	कैल्शयिम
Continent	महाद्वीप
Erosie	कटाव
Fossiel	जीवाश्म
Gesmolten	पघिला हुआ
Grot	गुफा
Koraal	मूंगा
Kristallen	क्रस्टिल
Kwarts	क्वार्ट्ज
Laag	परत
Lava	लावा
Mineralen	खनजि
Plateau	पठार
Stalactiet	स्टैलेक्टटि
Steen	पत्थर
Vulkaan	ज्वालामुखी
Zone	क्षेत्र
Zout	नमक
Zuur	एसडि

Geometrie
ज्यामति

Berekening	गणना
Cirkel	वृत्त
Curve	वक्र
Diameter	व्यास
Dimensie	आयाम
Driehoek	त्रकिोण
Hoek	कोण
Hoogte	ऊंचाई
Horizontaal	क्षैतजि
Logica	तर्क
Loodrecht	सीधा
Massa	मास
Mediaan	माध्य
Oppervlak	सतह
Parallel	समानांतर
Segment	खंड
Symmetrie	समरूपता
Theorie	सद्धिांत
Vergelijking	समीकरण
Verticaal	खड़ा

Getallen
संख्याएँ

Acht	आठ
Achttien	अठारह
Dertien	तेरह
Drie	तीन
Een	एक
Negen	नौ
Negentien	उन्नीस
Nul	शून्य
Tien	दस
Twaalf	बारह
Twee	दो
Twintig	बीस
Veertien	चौदह
Vier	चार
Vijf	पांच
Vijftien	पंद्रह
Zes	छह
Zestien	सोलह
Zeven	सात
Zeventien	सत्रह

Gezondheid en Welzijn #1
स्वास्थ्य और कल्याण #1

Actief	सक्रयि
Apotheek	फार्मेसी
Bacteriën	बैक्टीरयिा
Behandeling	उपचार
Breuk	भंग
Dokter	चकित्सिक
Gewoonte	आदत
Honger	भूख
Hoogte	ऊंचाई
Hormonen	हार्मोन
Huid	त्वचा
Kliniek	क्लनिकि
Letsel	चोट
Medicijn	दवा
Ontspanning	वश्रिाम
Reflex	पलटा
Spieren	मांसपेशयिों
Therapie	चकित्सिा
Virus	वाइरस
Zenuwen	नसों

Gezondheid en Welzijn #2
स्वास्थ्य और कल्याण #2

Allergie	एलर्जी
Anatomie	शरीर रचना
Bloed	रक्त
Calorie	कैलोरी
Dieet	आहार
Energie	ऊर्जा
Genetica	आनुवंशकिी
Gewicht	वजन
Gezond	स्वस्थ
Herstel	वसूली
Hygiëne	स्वच्छता
Infectie	संक्रमण
Lichaam	शरीर
Massage	मालशि
Spijsvertering	पाचन
Stress	तनाव
Vitamine	वटिामनि
Voeding	पोषण
Ziekenhuis	अस्पताल
Ziekte	रोग

Groenten
सब्जयिां

Aardappel	आलू
Artisjok	हाथी चक
Aubergine	बैंगन
Broccoli	ब्रोकोली
Erwt	मटर
Gember	अदरक
Knoflook	लहसुन
Komkommer	खीरा
Olijf	जैतून
Paddestoel	मशरूम
Peterselie	अजमोद
Pompoen	कद्दू
Raap	शलजम
Radijs	मूली
Salade	सलाद
Selderij	अजवाइन
Spinazie	पालक
Tomaat	टमाटर
Ui	प्याज
Wortel	गाजर

Haartypes
बालों के प्रकार

Blond	गोरा
Bruin	भूरा
Dik	मोटा
Droog	सूखा
Dun	पतला
Gekleurd	रंगीन
Gevlochten	लट
Gezond	स्वस्थ
Golvend	लहराती
Grijs	धूसर
Hoofdhuid	खोपड़ी
Kaal	गंजा
Kort	कम
Krullen	कर्ल
Krullend	घुंघराले
Lang	लंबा
Wit	सफेद
Zacht	नरम
Zilver	चाँदी
Zwart	काला

Herbalisme
हर्बलज्मि

Aromatisch	खुशबूदार
Basilicum	तुलसी
Bloem	फूल
Culinair	पाक
Dille	दलि
Dragon	तारगोन
Groen	हरा
Ingrediënt	घटक
Knoflook	लहसुन
Koriander	धनयिा
Kwaliteit	गुणवत्ता
Lavendel	लैवेंडर
Marjolein	कुठरा
Peterselie	अजमोद
Rozemarijn	दौनी
Saffraan	केसर
Smaak	स्वाद
Tijm	अजवायन
Tuin	बगीचा
Venkel	सौंफ

Het Bedrijf
द कम्पनी

Beslissing	नर्णिय
Creatief	रचनात्मक
Eenheden	इकाइयों
Globaal	वैश्वकि
Industrie	उद्योग
Inkomsten	राजस्व
Innovatief	अभनिव
Investering	नविश
Kwaliteit	गुणवत्ता
Loon	वेतन
Mogelijkheid	संभावना
Presentatie	प्रस्तुत
Product	उत्पाद
Professioneel	पेशेवर
Reputatie	प्रतष्ठिा
Risico'S	जोखमि
Trends	रुझान
Vooruitgang	प्रगत
Werkgelegenheid	रोजगार
Zaak	व्यापार

Huis
हाउस

Bezem	झाड़ू
Bibliotheek	पुस्तकालय
Dak	छत
Deur	दरवाजा
Douche	बौछार
Garage	गैरेज
Hek	बाड़
Kamer	कक्ष
Kelder	तहखाना
Keuken	रसोई
Lamp	दीपक
Meubilair	फर्नीचर
Muur	दीवार
Schoorsteen	चमिनी
Slaapkamer	शयनकक्ष
Spiegel	दर्पण
Tapijt	गलीचा
Trap	सीढ़ी
Tuin	बगीचा
Zolder	अटारी

Immigratie
आप्रवासन

Administratie	प्रशासन
Bescherming	संरक्षण
Communicatie	संचार
Documenten	दस्तावेजों
Goedkeuring	अनुमोदन
Grenzen	सीमाओं
Huisvesting	आवास
Hulp	सहायता
Kinderen	बच्चे
Officier	अफ़सर
Onderhandeling	बातचीत
Oplossing	समाधान
Proces	प्रक्रयि
Situatie	स्थतिि
Stress	तनाव
Taal	भाषा
Termijn	समय सीमा
Volwassenen	वयस्कों
Wet	कानून

Installaties
पौधे

Bamboe	बांस
Bes	बेरी
Blad	पत्ता
Bloem	फूल
Bloesem	खलिना
Boom	पेड़
Boon	सेम
Bos	वन
Cactus	कैक्टस
Gebladerte	पत्ते
Gras	घास
Groeien	बढ़ना
Klimop	आइवी
Kruid	जड़ी बूटी
Mest	उर्वरक
Mos	काई
Struik	बुश
Tuin	बगीचा
Vegetatie	वनस्पति
Wortel	जड़

Jazz
जैज़

Album	एल्बम
Applaus	वाहवाही
Artiest	कलाकार
Beroemd	प्रसद्धि
Componist	संगीतकार
Favorieten	पसंदीदा
Improvisatie	कामचलाऊ
Invloed	प्रभाव
Lied	गीत
Musici	संगीतकारों
Muziek	संगीत
Nadruk	ज़ोर
Nieuw	नया
Orkest	ऑर्केस्ट्रा
Oud	पुराना
Ritme	ताल
Samenstelling	रचना
Stijl	शैली
Talent	प्रतभिा
Techniek	तकनीक

Keuken
कचिन

Cup	कप
Eetstokjes	चीनी काँटा
Grill	ग्रलि
Ketel	केतली
Koelkast	फ्रजि
Kom	कटोरा
Kruik	जग
Lepels	चम्मच
Messen	चाकू
Oven	ओवन
Pollepel	करछुल
Recept	वधिि
Schort	एप्रन
Servet	नैपकनि
Specerijen	मसाले
Spons	स्पंज
Voedsel	भोजन
Vorken	कांटे
Vriezer	फ्रीजर

Kleding
कपडे

Armband	कंगन
Blouse	ब्लाउज
Broek	पैंट
Handschoenen	दस्ताने
Hoed	टोपी
Jas	कोट
Jasje	जैकेट
Jurk	पोशाक
Ketting	हार
Mode	फैशन
Pyjama	पाजामा
Riem	बेल्ट
Rok	स्कर्ट
Sandalen	सैंडल
Schoen	जूता
Schort	एप्रन
Shirt	कमीज
Sjaal	दुपट्टा
Sokken	मोजे
Trui	स्वेटर

Koffie
कॉफ़ी

Aroma	सुगंध
Beker	कप
Bitter	कड़वा
Cafeïne	कैफीन
Drank	पेय
Filter	छानना
Geroosterd	भुना हुआ
Malen	पीस
Melk	दूध
Ochtend	सुबह
Oorsprong	मूल
Prijs	कीमत
Room	मलाई
Smaak	स्वाद
Suiker	चीनी
Variëteit	ववििधता
Vloeistof	तरल
Water	पानी
Zuur	अम्लीय
Zwart	काला

Kracht en Zwaartekracht
बल और गुरुत्वाकर्षण

Afstand	दूरी
As	अक्ष
Baan	कक्षा
Centrum	केंद्र
Druk	दबाव
Dynamisch	गतशिील
Eigendommen	गुण
Gewicht	वजन
Impact	प्रभाव
Magnetisme	चुंबकत्व
Mechanica	यांत्रकिी
Natuurkunde	भौतकि वज्ञिान
Ontdekking	खोज
Planeten	ग्रहों
Snelheid	गत
Tijd	समय
Uitbreiding	वस्तिार
Universeel	सार्वभौमकि
Wrijving	घर्षण

Kunstbenodigdheden
कला की आपूर्त

Acryl	एक्रलिकि
Aquarellen	जल रंग
Borstels	ब्रश
Camera	कैमरा
Creativiteit	रचनात्मकता
Ezel	चत्रिफलक
Gom	रबड़
Ideeën	वचिारों
Inkt	स्याही
Klei	मट्टिी
Kleuren	रंग
Lijm	गोंद
Olie	तेल
Papier	कागज
Pastel	पेस्टल
Potloden	पेंसलि
Stoel	कुर्सी
Tafel	टेबल
Verf	पेंट
Water	पानी

Landen #1
देशों #1

België	बेल्जयिम
Brazilië	ब्राज़ील
Cambodja	कंबोडयिा
Canada	कनाडा
Chili	चलिी
Duitsland	जर्मनी
Egypte	मस्रि
Irak	इराक
Israël	इजराइल
Italië	इटली
Letland	लातवयिा
Libië	लीबयिा
Marokko	मोरक्को
Nicaragua	नकिारागुआ
Noorwegen	नॉर्वे
Panama	पनामा
Polen	पोलैंड
Roemenië	रोमानयिा
Senegal	सेनेगल
Spanje	स्पेन

Landen #2
देशों #2

Denemarken	डेनमार्क
Ethiopië	इथयिोपयिा
Frankrijk	फ्रांस
Griekenland	यूनान
Ierland	आयरलैंड
Indonesië	इंडोनेशयिा
Japan	जापान
Kenia	केन्या
Laos	लाओस
Libanon	लेबनान
Liberia	लाइबेरयिा
Maleisië	मलेशयिा
Mexico	मेक्सकिो
Nepal	नेपाल
Nigeria	नाइजीरयिा
Oeganda	युगांडा
Oekraïne	यूक्रेन
Rusland	रूस
Somalië	सोमालयिा
Syrië	सीरयिा

Landschappen
लैंडस्केप

Berg	पहाड़
Eiland	द्वीप
Gletsjer	ग्लेशयिर
Golf	खाड़ी
Grot	गुफा
Heuvel	पहाड़ी
IJsberg	हमिखंड
Meer	झील
Moeras	दलदल
Oase	मरूद्यान
Oceaan	सागर
Rivier	नदी
Schiereiland	प्रायद्वीप
Strand	समुद्र तट
Toendra	टुंड्रा
Vallei	घाटी
Vulkaan	ज्वालामुखी
Waterval	झरना
Woestijn	रेगस्तिान
Zee	समुद्र

Literatuur
साहत्िय

Analogie	समानता
Analyse	वशि्लेषण
Anekdote	कस्सि
Auteur	लेखक
Biografie	जीवनी
Conclusie	नषि्कर्ष
Dialoog	संवाद
Fictie	कथा
Gedicht	कवति
Mening	राय
Metafoor	रूपक
Poëtisch	काव्यात्मक
Rijm	तुक
Ritme	ताल
Roman	उपन्यास
Stijl	शैली
Thema	वषिय
Tragedie	त्रासदी
Vergelijking	तुलना
Verteller	कथावाचक

Meditatie
ध्यान

Aandacht	ध्यान
Aanvaarding	स्वीकृत
Ademhaling	श्वास
Beweging	गत
Dankbaarheid	कृतज्ञता
Emoties	भावनाएँ
Gedachten	वचिार
Geluk	खुश
Helderheid	स्पष्टता
Houding	आसन
Mededogen	दया
Mentaal	मानसकि
Muziek	संगीत
Natuur	प्रकृत
Observatie	अवलोकन
Perspectief	परप्रि्रेक्ष्य
Stilte	मौन
Vrede	शांत
Vriendelijkheid	दयालुता
Wakker	जाग

Meer Informatie
कल्पति वज्ञिान

Bioscoop	सनिमा
Boeken	पुस्तकें
Brand	आग
Denkbeeldig	काल्पनकि
Dystopie	डायस्टोपयाि
Explosie	वस्फिोट
Extreem	चरम
Fantastisch	शानदार
Futuristisch	फ्यूचरस्टिकि
Illusie	भ्रम
Mysterieus	रहस्यमय
Orakel	आकाशवाणी
Planeet	ग्रह
Realistisch	यथार्थवादी
Robots	रोबोट
Scenario	परदृिश्य
Sterrenstelsel	आकाशगंगा
Technologie	प्रौद्योगकिी
Utopie	आदर्शलोक
Wereld	दुनयाि

Menselijk Lichaam
मानव शरीर

Been	टांग
Bloed	रक्त
Elleboog	कोहनी
Enkel	टखने
Hand	हाथ
Hart	दलि
Hersenen	दमिाग
Hoofd	सरि
Huid	त्वचा
Kaak	जबड़ा
Kin	ठोड़ी
Knie	घुटना
Maag	पेट
Mond	मुँह
Nek	गर्दन
Neus	नाक
Oor	कान
Schouder	कंधा
Tong	जीभ
Vinger	उंगली

Metingen
मापन

Breedte	चौड़ाई
Byte	बाइट
Centimeter	सेंटीमीटर
Decimaal	दशमलव
Diepte	गहराई
Gewicht	वजन
Graad	डग्रिी
Gram	ग्राम
Hoogte	ऊंचाई
Inch	इंच
Kilogram	कलिोग्राम
Kilometer	कलिोमीटर
Lengte	लंबाई
Liter	लीटर
Massa	मास
Meter	मीटर
Minuut	मनिट
Ons	औंस
Ton	टन
Volume	आयतन

Mode
पहनावा

Afmetingen	माप
Bescheiden	मामूली
Betaalbaar	सस्ती
Borduurwerk	कढ़ाई
Comfortabel	आरामदायक
Duur	महंगा
Eenvoudig	सरल
Elegant	सुरुचपिूर्ण
Kant	फीता
Kleding	कपड़े
Knop	बटन
Minimalistisch	न्यूनतम
Modern	आधुनकि
Origineel	मूल
Patroon	पैटर्न
Praktisch	व्यावहारकि
Stijl	शैली
Textuur	बनावट
Trend	ट्रेंड
Winkel	बुटीक

Muziek
संगीत

Album	एल्बम
Ballade	गाथागीत
Harmonie	सद्भाव
Improviseren	सुधार
Instrument	साधन
Klassiek	शास्त्रीय
Koor	कोरस
Lyrisch	गीतात्मक
Melodie	राग
Microfoon	माइक्रोफोन
Muzikaal	संगीत
Muzikant	संगीतकार
Opera	ओपेरा
Opname	रकिॉर्डगि
Poëtisch	काव्यात्मक
Ritme	ताल
Ritmisch	तालबद्ध
Tempo	गत‍ि
Zanger	गायक
Zingen	गाना

Mythologie
पौराणकि कथाएं

Archetype	मूलरूप आदर्श
Bliksem	बजिली
Creatie	सृजन
Cultuur	संस्कृति
Donder	गरज
Doolhof	भूलभुलैया
Gedrag	व्यवहार
Held	नायक
Heldin	नायकि
Hemel	स्वर्ग
Jaloezie	ईर्ष्या
Kracht	ताकत
Krijger	योद्धा
Legende	दंतकथा
Monster	राक्षस
Onsterfelijkheid	अमरता
Ramp	आपदा
Sterfelijk	नश्वर
Wezen	जंतु
Wraak	बदला

Natuur
प्रकृति

Arctisch	आर्कटकि
Bijen	मधुमक्खियों
Bos	वन
Dieren	जानवरों
Dynamisch	गतशील
Erosie	कटाव
Gebladerte	पत्ते
Gletsjer	ग्लेशयिर
Heiligdom	अभयारण्य
Klippen	चट्टानों
Mist	कोहरा
Rivier	नदी
Schoonheid	सुंदरता
Schuilplaats	आश्रय
Sereen	नर्मिल
Tropisch	उष्णकटबिंधीय
Vitaal	महत्वपूर्ण
Wild	जंगली
Woestijn	रेगसि्तान
Wolken	बादल

Natuurkunde
भौतकि वजि्ञान

Atoom	परमाणु
Chaos	अराजकता
Chemisch	रासायनकि
Deeltje	कण
Dichtheid	घनत्व
Elektron	इलेक्ट्रॉन
Experiment	प्रयोग
Formule	सूत्र
Frequentie	आवृत्तति
Gas	गैस
Magnetisme	चुंबकत्व
Massa	मास
Mechanica	यांत्रकिी
Molecuul	अणु
Motor	इंजन
Relativiteit	सापेक्षता
Snelheid	वेग
Universeel	सार्वभौमकि
Versnelling	त्वरण
Zwaartekracht	गुरुत्वाकर्षण

Oceaan
सागर

Algen	शैवाल
Boot	नाव
Dolfijn	डॉल्फनि
Garnaal	झींगा
Getijden	ज्वार
Golven	लहरें
Haai	शार्क
Koraal	मूंगा
Krab	केकड़ा
Kwal	जेलफ़िशि
Octopus	ऑक्टोपस
Oester	सीप
Rif	चट्टान
Schildpad	कछुआ
Spons	स्पंज
Storm	आंधी
Tonijn	टूना
Vis	मछली
Walvis	व्हेल
Zout	नमक

Opwarming van de Aarde
ग्लोबल वॉर्मगि

Aandacht	ध्यान
Arctisch	आर्कटकि
Crisis	संकट
Energie	ऊर्जा
Gas	गैस
Gegevens	डेटा
Generaties	पीढ़ियों
Gevolgen	परणिाम
Industrie	उद्योग
Klimaat	जलवायु
Mensen	मनुष्य
Milieu	पर्यावरण
Nu	अब
Ontwikkeling	वकिास
Regering	सरकार
Temperaturen	तापमान
Toekomst	भवषि्य
Veranderingen	परविर्तन
Wetenschapper	वैज्ञानकि
Wetgeving	वधिान

Overheid
सरकार

Burgerschap	नागरकिता
Civiel	सविलि
Democratie	लोकतंत्र
Discussie	चर्चा
Gelijkheid	समानता
Gerechtelijk	न्यायकि
Gerechtigheid	न्याय
Grondwet	संवधािन
Leider	नेता
Monument	स्मारक
Natie	राष्ट्र
Nationaal	राष्ट्रीय
Politiek	राजनीतिं
Rechten	अधकिार
Staat	राज्य
Symbool	प्रतीक
Toespraak	भाषण
Vrijheid	स्वतंत्रता
Wet	कानून
Wijk	जलिा

Psychologie
मनोवज्ञिान

Afspraak	नयिुक्ति
Beoordeling	मूल्यांकन
Bewusteloos	बेहोश
Conflict	संघर्ष
Dromen	सपने
Ego	अहंकार
Emoties	भावनाएँ
Ervaringen	अनुभव
Gedachten	वचिार
Gedrag	व्यवहार
Gevoel	सनसनी
Herinneringen	यादें
Invloed	प्रभाव
Jeugd	बचपन
Klinisch	नैदानकि
Perceptie	अनुभूति
Persoonlijkheid	व्यक्तत्वि
Probleem	संकट
Realiteit	वास्तवकिता
Therapie	चकित्सिा

Regenwoud
वर्षावन

Amfibieën	उभयचर
Behoud	संरक्षण
Botanisch	वानस्पतकि
Diversiteit	ववििधिता
Gemeenschap	समुदाय
Inheems	स्वदेशी
Insecten	कीड़े
Jungle	जंगल
Klimaat	जलवायु
Mos	काई
Natuur	प्रकृति
Overleving	उत्तरजीवति
Respect	आदर
Restauratie	बहाली
Soort	प्रजातयिां
Toevlucht	शरण
Vogels	पक्षी
Waardevol	मूल्यवान
Wolken	बादल
Zoogdieren	स्तनधारी

Restaurant #2
रेस्टोरेंट #2

Cake	केक
Diner	रात का खाना
Drank	पेय
Eieren	अंडे
Fruit	फल
Groente	सब्जयिां
Heerlijk	स्वादष्टि
Ijs	बर्फ
Lepel	चम्मच
Lunch	दोपहर का भोजन
Noedels	नूडल्स
Ober	वेटर
Salade	सलाद
Soep	सूप
Specerijen	मसाले
Stoel	कुर्सी
Vis	मछली
Vork	कांटा
Water	पानी
Zout	नमक

Rijden
ड्राइवगि

Auto	कार
Brandstof	ईंधन
Garage	गैरेज
Gas	गैस
Gevaar	खतरा
Kaart	नक्शा
Licentie	लाइसेंस
Motor	मोटर
Motorfiets	मोटरसाइकलि
Ongeluk	दुर्घटना
Politie	पुलसि
Remmen	ब्रेक
Snelheid	गति
Straat	गली
Tunnel	सुरंग
Veiligheid	सुरक्षा
Verkeer	यातायात
Voetganger	पैदल यात्री
Vrachtauto	ट्रक
Weg	सड़क

Schaken
शतरंज

Diagonaal	वकिर्ण
Kampioen	चैंपयिन
Koning	राजा
Koningin	रानी
Offer	बलदिान
Passief	नष्क्रियि
Punten	अंक
Reglement	नयिम
Slim	चतुर
Spel	खेल
Speler	खलिाड़ी
Strategie	रणनीति
Tegenstander	वरिोधी
Tijd	समय
Toernooi	टूर्नामेंट
Uitdagingen	चुनौतयिों
Wedstrijd	प्रतयिोगिता
Wit	सफेद
Zwart	काला

Schoonheid
ब्यूटी

Charme	आकर्षण
Diensten	सेवा
Elegant	सुरुचिपूर्ण
Elegantie	लालित्य
Fotogeniek	फोटोजेनिक
Genade	कृपा
Geur	खुशबू
Glad	चिकना
Huid	त्वचा
Kleur	रंग
Krullen	कर्ल
Lippenstift	लिपिस्टिक
Mascara	काजल
Oliën	तेल
Producten	उत्पादों
Schaar	कैंची
Shampoo	शैम्पू
Spiegel	दर्पण
Stilist	स्टाइलिस्ट
Verzinnen	मेकअप

Specerijen
मसाले

Bitter	कड़वा
Fenegriek	मेथी
Gember	अदरक
Kaneel	दालचीनी
Kardemom	इलायची
Kerrie	करी
Knoflook	लहसुन
Komijn	जीरा
Koriander	धनिया
Kruidnagel	लौंग
Kurkuma	हल्दी
Nootmuskaat	जायफल
Peper	मिर्च
Saffraan	केसर
Smaak	स्वाद
Ui	प्याज
Vanille	वनीला
Venkel	सौंफ
Zoet	मिठाई
Zout	नमक

Stad
नगर

Apotheek	फार्मेसी
Bakkerij	बेकरी
Bank	बैंक
Bibliotheek	पुस्तकालय
Bioscoop	सिनेमा
Bloemist	फूलवाला
Dierentuin	चिड़ियाघर
Galerij	गैलरी
Hotel	होटल
Kliniek	क्लिनिक
Luchthaven	हवाई अड्डा
Markt	बाजार
Museum	संग्रहालय
Restaurant	भोजनालय
School	स्कूल
Stadion	स्टेडियम
Supermarkt	सुपरमार्केट
Theater	थिएटर
Universiteit	विश्वविद्यालय
Winkel	दुकान

Tijd
टाइम

Dag	दिन
Decennium	दशक
Eeuw	सदी
Gisteren	कल
Jaar	वर्ष
Jaarlijks	वार्षिक
Kalender	कैलेंडर
Klok	घड़ी
Maand	महीना
Middag	दोपहर
Minuut	मिनट
Na	के बाद
Nacht	रात
Nu	अब
Ochtend	सुबह
Toekomst	भविष्य
Uur	घंटा
Vandaag	आज
Vroeg	जल्दी
Week	सप्ताह

Tuin
बगीचा

Bank	बेंच
Bloem	फूल
Boom	पेड़
Boomgaard	फलोद्यान
Garage	गैरेज
Gazon	लॉन
Gras	घास
Hangmat	झूला
Hark	रेक
Hek	बाड़
Onkruid	मातम
Rotsen	चट्टानों
Schop	फावड़ा
Slang	नली
Struik	बुश
Terras	छत
Trampoline	ट्रेम्पोलिन
Tuin	बगीचा
Vijver	तालाब
Wijnstok	बेल

Tuinieren
बागवानी

Blad	पत्ता
Bloemen	पुष्प
Bloesem	खिलना
Boeket	गुलदस्ता
Boomgaard	फलोद्यान
Botanisch	वानस्पतिक
Compost	खाद
Container	कंटेनर
Eetbaar	खाद्य
Exotisch	विदेशी
Gebladerte	पत्ते
Klimaat	जलवायु
Seizoensgebonden	मौसमी
Slang	नली
Soort	प्रजातियां
Vocht	नमी
Vuil	गंदगी
Water	पानी
Zaden	बीज

Universum
यूनविर्स

Asteroïde	क्षुद्रग्रह
Astronomie	खगोल वज्ञिान
Astronoom	खगोल वज्ञिानी
Atmosfeer	वायुमंडल
Baan	कक्षा
Breedtegraad	अक्षांश
Dierenriem	राशि
Duisternis	अंधेरा
Evenaar	भूमध्य रेखा
Halfrond	गोलार्ध
Hemel	आकाश
Horizon	क्षतिजि
Kantelen	झुकाव
Kosmisch	लौककि
Lengtegraad	देशान्तर
Maan	चाँद
Sterrenstelsel	आकाशगंगा
Telescoop	दूरबीन
Zichtbaar	दृश्यमान
Zonnewende	संक्रांति

Vaardigheden op het Werk
नौकरी कौशल

Aandachtig	चौकस
Aanpasbaar	अनुकूलनीय
Authentiek	वश्विसनीय
Beheer	प्रबंधन
Bereid	तैयार
Betrouwbaar	भरोसेमंद
Charismatisch	करश्मिाई
Communicatie	संचार
Coöperatie	सहकारी
Creatief	रचनात्मक
Eerbiedig	वनिीत
Effectief	प्रभावी
Ervaren	अनुभवी
Georganiseerd	संगठति
Leiderschap	नेतृत्व
Onafhankelijk	स्वतंत्र
Toegewijd	समर्पति
Verantwoordelijk	जम्मिेदार
Vriendelijk	अनुकूल

Vakantie #2
अवकाश #2

Bestemming	गंतव्य
Buitenlander	वदिशी
Buitenlands	वदिश
Eiland	द्वीप
Hotel	होटल
Kaart	नक्शा
Kamperen	डेरा डालना
Luchthaven	हवाई अड्डा
Paspoort	पासपोर्ट
Reis	यात्रा
Reserveringen	आरक्षण
Restaurant	भोजनालय
Strand	समुद्र तट
Taxi	टैक्सी
Tent	तंबू
Vakantie	छुट्टी
Vervoer	परविहन
Visum	वीजा
Vrije Tijd	अवकाश
Zee	समुद्र

Vissen
फशिगि

Aas	चारा
Apparatuur	उपकरण
Boot	नाव
Draad	तार
Geduld	धैर्य
Gewicht	वजन
Haak	हुक
Kaak	जबड़ा
Kieuwen	गल्सि
Kok	रसोइया
Mand	टोकरी
Meer	झील
Oceaan	सागर
Overdrijving	अतशियोक्ति
Rivier	नदी
Seizoen	ऋतु
Strand	समुद्र तट
Vinnen	पंख
Water	पानी

Vliegtuigen
हवाई जहाज

Afdaling	वंश
Atmosfeer	वायुमंडल
Avontuur	साहसकि
Ballon	गुब्बारा
Bemanning	क्रू
Bouw	नर्मिाण
Brandstof	ईंधन
Geschiedenis	इतहिास
Hemel	आकाश
Hoogte	ऊंचाई
Landen	अवतरण
Lucht	वायु
Motor	इंजन
Navigeren	नेवगिेट
Ontwerp	डजिाइन
Passagier	यात्री
Piloot	पायलट
Richting	दशिा
Turbulentie	अशांति
Waterstof	हाइड्रोजन

Voeding
पोषाहार

Bitter	कड़वा
Calorieën	कैलोरी
Dieet	आहार
Eetbaar	खाद्य
Eetlust	भूख
Eiwitten	प्रोटीन
Evenwichtig	संतुलति
Fermentatie	कण्वन
Gewicht	वजन
Gezond	स्वस्थ
Gezondheid	स्वास्थ्य
Kwaliteit	गुणवत्ता
Saus	चटनी
Smaak	स्वाद
Specerijen	मसाले
Spijsvertering	पाचन
Toxine	वषि
Vitamine	वटिामनि
Vloeistoffen	तरल पदार्थ
Voedingsstof	पुष्टकिर

Voertuigen
वाहन

Ambulance	रोगी वाहन
Auto	कार
Banden	टायर
Boot	नाव
Bus	बस
Caravan	कारवां
Fiets	साइकलि
Helikopter	हेलीकॉप्टर
Metro	भूमगित मार्ग
Motor	मोटर
Onderzeeër	पनडुब्बी
Raket	रॉकेट
Scooter	स्कूटर
Taxi	टैक्सी
Tractor	ट्रैक्टर
Trein	ट्रेन
Veerboot	नौका
Vliegtuig	वमिान
Vlot	बेड़ा
Vrachtauto	ट्रक

Vogels
पक्षयिों

Duif	कबूतर
Eend	बतख
Ei	अंडा
Flamingo	राजहंस
Havik	बाज़
Kip	चकिन
Koekoek	कोयल
Kraai	कौआ
Meeuw	मूरख मनुष्य
Mus	गौरैया
Ooievaar	सारस
Papegaai	तोता
Pauw	मोर
Pelikaan	हवासील
Pinguïn	पेंगुइन
Reiger	बगुला
Struisvogel	शुतुरमुर्ग
Toekan	टूकेन
Uil	उल्लू
Zwaan	हंस

Wandelen
लंबी पैदल यात्रा

Berg	पहाड़
Dieren	जानवरों
Gevaren	खतरों
Kaart	नक्शा
Kamperen	डेरा डालना
Klif	चट्टान
Klimaat	जलवायु
Laarzen	जूते
Moe	थक गया
Muggen	मच्छरों
Natuur	प्रकृति
Oriëntatie	अभवनि्यास
Parken	पार्क
Stenen	पत्थर
Top	शखिर सम्मेलन
Voorbereiding	तैयारी
Water	पानी
Wild	जंगली
Zon	सूर्य
Zwaar	भारी

Weersomstandigheden
मौसम

Atmosfeer	वायुमंडल
Bliksem	बजिली
Donder	गरज
Droogte	सूखा
Hemel	आकाश
Ijs	बर्फ
Klimaat	जलवायु
Mist	कोहरा
Moesson	मानसून
Orkaan	तूफान
Overstroming	बाढ़
Polair	ध्रुवीय
Regenboog	इंद्रधनुष
Storm	आंधी
Temperatuur	तापमान
Tornado	बवंडर
Tropisch	उष्णकटबिंधीय
Vochtig	नम
Wind	हवा
Wolk	बादल

Wetenschap
वज्ञिान

Atoom	परमाणु
Chemisch	रासायनकि
Deeltjes	कण
Evolutie	वकिास
Experiment	प्रयोग
Feit	तथ्य
Fossiel	जीवाश्म
Gegevens	डेटा
Hypothese	परकिल्पना
Klimaat	जलवायु
Laboratorium	प्रयोगशाला
Methode	तरीका
Mineralen	खनजि
Moleculen	अणुओं
Natuur	प्रकृति
Natuurkunde	भौतकि वज्ञिान
Observatie	अवलोकन
Organisme	जीव
Wetenschapper	वैज्ञानकि
Zwaartekracht	गुरुत्वाकर्षण

Wetenschappelijke Discip
वैज्ञानकि अनुशासन

Anatomie	शरीर रचना
Archeologie	पुरातत्व
Astronomie	खगोल वज्ञिान
Biochemie	जीव रसायन
Biologie	जीववज्ञिान
Chemie	रसायन वज्ञिान
Ecologie	पारस्थितिकिी
Fysiologie	फजियिोलॉजी
Geologie	भूवज्ञिान
Immunologie	इम्यूनोलॉजी
Kinesiologie	काइन्सयिोलॉजी
Mechanica	यांत्रकिी
Meteorologie	मौसम वज्ञिान
Mineralogie	खनजि वदि्या
Natuurkunde	भौतकि वज्ञिान
Psychologie	मनोवज्ञिान
Robotica	रोबोटक्सि
Sociologie	समाज शास्त्र
Thermodynamica	ऊष्मप्रवैगकिी
Voeding	पोषण

Wiskunde
गणति

Decimaal	दशमलव
Diameter	व्यास
Divisie	वभिाजन
Driehoek	त्रकिोण
Exponent	प्रतपिादक
Fractie	अंश
Geometrie	ज्यामति
Hoeken	कोण
Loodrecht	सीधा
Omtrek	परधि
Parallel	समानांतर
Rechthoek	आयत
Rekenkundig	अंकगणति
Som	योग
Straal	त्रज्यि
Symmetrie	समरूपता
Veelhoek	बहुभुज
Vergelijking	समीकरण
Vierkant	वर्ग
Volume	आयतन

Zakelijk
व्यापार

Bedrijf	कंपनी
Begroting	बजट
Belastingen	करों
Carrière	कैरयिर
Economie	अर्थशास्त्र
Fabriek	फैक्टरी
Financiën	वत्ति
Geld	पैसा
Inkomen	आय
Investering	नविश
Kantoor	कार्यालय
Korting	छूट
Kosten	लागत
Transactie	लेन-देन
Valuta	मुद्रा
Verkoop	बक्रिी
Werkgever	नयिोक्ता
Werknemer	कर्मचारी
Winkel	दुकान
Winst	लाभ

Ziekte
रोग

Acuut	तीव्र
Ademhaling	श्वसन
Allergieën	एलर्जी
Besmettelijk	संक्रामक
Botten	हड्डयिों
Buik	पेट
Chronisch	पुरानी
Erfelijk	वंशानुगत
Genetisch	आनुवंशकि
Gezondheid	स्वास्थ्य
Hart	दलि
Lenden-	काठ का
Lichaam	शरीर
Neuropathie	न्युरोपटी
Ontsteking	सूजन
Sinus	साइनस
Syndroom	सड्रिोम
Therapie	चकित्सिा
Ziekteverwekkers	रोगजनकों
Zwak	कमजोर

Zoogdieren
स्तनधारी

Aap	बंदर
Bever	ऊदबलिाव
Coyote	कोयोट
Dolfijn	डॉल्फनि
Ezel	गधा
Geit	बकरी
Giraf	जरिाफ़
Gorilla	गोरल्लिा
Hond	कुत्ता
Kameel	ऊँट
Kangoeroe	कंगारू
Kat	बल्लिी
Konijn	खरगोश
Leeuw	शेर
Olifant	हाथी
Paard	घोड़ा
Stier	बुल
Vos	लोमड़ी
Walvis	व्हेल
Wolf	भेड़यिा

Gefeliciteerd

Je hebt het gehaald!

We hopen dat u net zoveel plezier beleeft aan dit boek als wij aan het maken ervan. We doen ons best om spellen van hoge kwaliteit te maken.
Deze puzzels zijn op een slimme manier ontworpen zodat je actief kunt leren terwijl je plezier hebt!

Vond je ze mooi?

Een Eenvoudig Verzoek

Onze boeken bestaan dankzij de recensies die zij publiceren.
Kunt u ons helpen door nu een mening achter te laten ?

Hier is een korte link die u naar uw
bestellingen beoordelingspagina.

BestBooksActivity.com/Recensie50

FINAAL UITDAGING!

Uitdaging nr. 1

Klaar voor uw bonusspel? We gebruiken ze de hele tijd, maar ze zijn niet zo gemakkelijk te vinden. Hier zijn **Synoniemen!**

Noteer 5 woorden die je ontdekt hebt in elk van de onderstaande puzzels (nr. 21, nr. 36, nr. 76) en probeer voor elk woord 2 synoniemen te vinden.

Notitie 5 Woorden uit ***Puzzle 21***

Woorden	Synoniem 1	Synoniem 2

Notitie 5 Woorden uit ***Puzzle 36***

Woorden	Synoniem 1	Synoniem 2

Notitie 5 Woorden uit ***Puzzle 76***

Woorden	Synoniem 1	Synoniem 2

Uitdaging nr. 2

Nu je opgewarmd bent, noteer 5 woorden die je ontdekt hebt in elke hieronder genoteerde puzzel (nr. 9, nr. 17, nr. 25) en probeer voor elk woord 2 antoniemen te vinden. Hoeveel regels kan je doen in 20 minuten?

Notitie 5 Woorden uit ***Puzzle 9***

Woorden	Antoniem 1	Antoniem 2

Notitie 5 Woorden uit ***Puzzle 17***

Woorden	Antoniem 1	Antoniem 2

Notitie 5 Woorden uit ***Puzzle 25***

Woorden	Antoniem 1	Antoniem 2

Uitdaging nr. 3

Prachtig, deze finaal uitdaging  is makkelijk voor jou!

Klaar voor de laatste? Kies je 10 favoriete woorden die je in een van de puzzels hebt ontdekt en noteer ze hieronder.

1.	6.
2.	7.
3.	8.
4.	9.
5.	10.

De uitdaging is nu om met deze woorden en binnen een maximum van zes zinnen een tekst te schrijven over een persoon, dier of plaats waar je van houdt!

Tip: U kunt de laatste blanco pagina van dit boek als kladblaadje gebruiken!

Je schrijven:

NOTITIEBOEKJE:

TOT SNEL!

Linguas Classics

www.ingramcontent.com/pod-product-compliance
Lightning Source LLC
Chambersburg PA
CBHW082057120626
46553CB00011B/3435